⊙ 网络时代语文热点丛书 ⊙

主　编　李宇明

一清 著

汉字最近
有点儿烦

汉字：繁与简的是是非非

2009年·北京

网络时代语文热点丛书

顾　问：郝　平

主　编：李宇明

编　委：曹志耘　崔希亮　郭　熙　黄德宽

　　　　刘丹青　屈哨兵　孙茂松　汪惠迪

　　　　汪　凌　魏　晖　一　清　张和生

　　　　赵蓉晖　赵世举　周洪波　周庆生

目录

汉字最近有点儿烦
汉字：繁与简的是是非非

总序：把握住我们的语言生活（李宇明） / 1

序：好好的汉字，怎么说烦就烦了呢？ / 1

第一部分：字 / 7

一、五千年前，雨夜里飘来的哭声…… / 10

二、一个字的识读与一首诗的记忆 / 20

三、中药铺的龙骨或真有药用价值？ / 25

四、蔡元培、鲁迅等先贤的一次集体激动 / 32

五、汉字简化、戴季陶拍砖与蒋介石的退让 / 37

六、毛泽东收到吴玉章的信后 / 44

七、奶奶的笑脸与丰子恺"写字漫画"中的苦乐表情 / 51

八、"别看那个躺在门板上的字了，恶心！" / 60

九、深圳那疙瘩的报纸，咋就像解放前了捏？ / 66

第二部分：惊 / 75

一、海峡两岸，以新奇的眼光打量着对方 / 78

二、张惠妹并没有走丢 / 83

三、宁静的文字世界，谁扔下一个响炮？ / 91

1

四、汉字,问题严重到这种程度了吗? / 101

五、恢复繁体字? 80后很生气,很愤怒! / 107

六、囧了专家,乐了网络,拍砖人多用雷人语 / 115

七、一群在校生说:不就是个破繁体吗?什么呀! / 126

八、怪可怜见的,这字儿负荷也忒沉了点儿! / 132

九、"九斤老太"与"无心之爱" / 139

● **第三部分:和** / 147

一、假如没有简体字,我们会有多少文盲? / 150

二、假如否定简体字,我们该有何样的成本担当? / 158

三、假如来一次复繁运动,世界将投以怎样的目光? / 168

四、百岁老人见证的汉字改革的故事 / 177

五、听听老百姓说些什么、网民说些什么 / 189

六、讨论是个好东西 / 197

七、"和"字出现在奥运会上有些意思 / 211

八、汉字的未来就在它的历史延长线上 / 214

题外还有些话 / 217

 ## 把握住我们的语言生活

——序《网络时代语文热点丛书》

李宇明

曾听人讲：江西人不怕辣，四川人辣不怕，湖南人怕不辣。这很有趣，"不、怕、辣"三字颠来倒去，组成的话语能表示耐辣的不同程度，可以分别形容赣、川、湘三地人。

同动物的交际方式比，人类语言之奇妙，就在于能用有限的语言单位，随心所欲表达无限的意义，表达过去、现在和未来，表达真实、假设与幻想。语言这种"用有限达无限"的强大功能，推动人类最终脱离动物界为万物灵长，推动人类社会以加速度的方式步步向前。

口头语言一发即逝，声不能留后，音不能达远。人类受结绳记事、表意图画等启示，发明了文字。文字帮助口语突破时间和空间的限制，甲地的信息借助文字可以传到乙地，前辈的经验通过书面语可以传给后代。人类经验迅速传递，人类智慧迅速聚升，文字帮助人类跨入文明时代。

提高语言效率的科技努力，伴随着人类的整个发展历程。造纸术，印刷术，制笔术，驿站邮路，打字机，电报机，电话机，传真机，复印机，广播，电影，电视，电子计算机，激光照排，互联网，手机，通讯卫星……这一系

列语言加工、传播技术的出现与应用,使人类社会从农业时代进入工业时代,再进入今天的信息时代。

时代越进步,体力的地位便越下降,智慧的重要性便逐渐提升,语言能力也逐渐成为人的核心能力。信息的采集、加工、贮存、传播等,既是语言的基本活动,也是人类生活、学习、工作的重要事务。留心观察当会发现,母语水平、外语水平和使用语言科技产品的水平,常常决定一个人能走多远,能跳多高,处在什么样的生活境遇,拥有多少精神的和物质的财富。

与语言相关的活动构成语言生活。语言生活及民生、涉国计,属于人类的基本生活。语言和方言的分歧,常常妨碍交际,带来误解;解决语言分歧,推进语言统一,也会引发语言矛盾,甚至是语言冲突或战争。新的语言技术,如计算机、互联网、手机等等,极大地促进了语言运用,也改变着人们传统的语言习惯,从而带来语言观念的矛盾,并将一部分人"信息边缘化"。

为保证语言使用效率,提高社会成员的语言能力,维护国家和公民的语言权益,构建和谐的语言生活,社会总会对语言生活进行规划:制定语言政策,规划语言地位,颁布语言标准,采取管理措施。这便是国家的语言文字工作。

语言是生活不可缺少的元素,语言之中有常被忽视的学问与智慧,语言问题往往形成社会热点。《网络时代语文热点丛书》,充分利用现代信息手段,及时搜索语文热点,描述热点形成的来龙去脉,介绍相关的知识与史事,帮助读者增广见闻,考察问题,形成己见。

开卷有所得,闭卷有所思。这套丛书的魅力就在于此。

序 好好的汉字，怎么说烦就烦了呢？

汉字，我们一直使用着的方块儿汉字，好好的，怎么突然就闹出这么大的动静来了呢？

那一天的傍晚时分，一群朋友在一个叫"大排档食肆"的地方各取所爱，选择自己喜欢的食料，准备大快朵颐。偏偏就有两位刚上过网来接班的厨师说出了一段话："我爷娘老子怕么是有远见？也没有让我读多少书，不然，这次又要把好容易认了些许的字废了，去认什么繁体字了。"另一位乐了："网上的东西你也信？网上还说斯大林克隆了，复活了，刚五十来岁，苏联又在卫国战争时期了呢——这不是天大的玩笑吗？十几亿人用了爷大崽一世的字说不用就不用了？脑子进水了呀？"

一对厨师都是年轻人，他们有一句没一句的话，也就说说而已，他们手头还有很多工作等着去做，况且在他们的内心里，这些个不着边际的事儿跟他们远着呢，也就是将其当做一件网上新鲜事儿说来乐乐罢了——大凡网上传着的事，总是石破天惊的，要么是谁谁名演员大腕吸毒被抓了还骂人；要么是谁谁男儿变作了女儿身，"连说话的声音都变了嘿"；要么是某某地方外星人来了，抢走了县委书记的手提包，里边的钱

1

一分也没有要,全扔在马路牙子上了……这些网上的话题,有的是新奇的,有的是不可能的,但网上那一篇篇的文字中,都是言之凿凿跟真事儿似的。估计这一对厨师是将废除简体字恢复繁体字的事儿当成"外星人抢走了县委书记的手提包"一样,放在这么一种语境下说笑着的。

毕竟生活得都不轻松,大家要让自己尽可能的快乐一点儿。

厨师的对话结束了,这话题却延续到了我们的餐桌上。看来我们的同伙中有人是知道这个消息的,说现在网上有那么一些学者就主张恢复使用繁体字。理由是,繁体字是正字,简体字是山寨版的汉字。

"如果真是这样,咱们的麻烦可就大了去了,丢掉我们使用了几十年的简体字,去适应和使用书写繁难的老字,真是烦人。"总是听风就信的"老处女"同学先就烦恼上了。

"没有这么严重的,也就人家做学问的人,学问没有出路了,就说点新鲜的东西,显示自己还是有独到见解,还是可以有真知灼见滴、高人一筹滴。这样的学者,见多了,借个火热的话题晒晒自己,不要霉得太久了。"网络男王亮亮总是一副世事看透、大事不惊的样子,表现出了对于这种突然而起的言论的不屑一顾。

做教师的媛媛总想把自己碗中的调料处理得跟教案一样,但终归也不忍心将这么重大的话题的话语权只留给他人作议题,很优雅地说:"我不认为这会成为一种事实,毕竟,要废除简体字的使用,会有全国上下数以亿计学生的识读汉字和使用汉字的不适,这事几乎就是痴人说梦,臆想臆想罢了。"

议论归议论,但这不会成为大家伙儿消费一顿好食物的障碍。一个大拼桌的食客吃着聊着。有人尝试着用筷子蘸汤将菜单上的一个个菜名用繁体字写出来，但这种恶作剧的书写大都未能取得预期效果，所写出的字要么不像，要么缺胳膊少腿，书写者在哄笑声中只好放弃。

餐桌上的书写可以放弃，但这个话题却没能放下。回到家中，笔者将"废简复繁"4个字谷歌了一下，以这4个字为红色的标题轰然跳出，满屏满眼，竟有近20万条之多。打开前几条细看，全然是激情与愤怒的争论。该屏第一个链接文章就是《是历史倒退还是必然趋势，繁简之争成热门》，细看该文，才知道此一论争的缘起与延展，当与每年三月的全国人大、政协"两会"提案有关。其实，此事前前后后也听说过的，但弄到现在这样的一个阵势，倒是让人吓了一跳。

看来我们使用着的汉字有点儿烦恼。

这个烦恼主要是冲着简化字来的。

我们都是使用简化字一路走来的，到今天，也都奔五的人了，怎么就没感到汉字的使用背后还有着那么让人沮丧的因素与故事呢？我们怎么就没有像有的专家那样，觉得汉字这也不行那也不行呢？

当然这些专家主要是说大陆使用的简化字不行，而台湾、香港等地使用的繁体字是如何的好。

好到什么程度呢？好到比一朵花还好。

不管繁体字也好，简体字也罢，都是咱们的汉字，海峡两岸，或者海外华人，都在使用着老祖宗留下来的同一个记事的符号系统而已，怎么突然间就有了如此天差地别的评价呢？其实，像我们这种奔五左右的人，虽然写的是简体字，但繁体字也是同时能识读的，而且多少也能写出些繁体字，怎么就没有某些专家感觉的那样，繁体字是如何的好得出奇，简体字简直就不是东西呢？

惊恐自己落后得太远,便一一地搜索起繁体字的好与简体字的不好来。经过一个上午的努力,某些专家的意见很快就集中起来了。大略如下:

繁体字传承了中华文化,而简体字割断了中华文明;

繁体字守住了中国文明的根,而简体字是现有政权下的产物,是自私与仇恨的样板;

繁体字样式感强,美丽,而简体字丑陋至极,不堪入目;

繁体字是正字,简体字是山寨版的汉字;

繁体字是祖先留下的圣物,简体字是大陆的"政治怪胎";

繁体字是"六书"理论下的科学创造,简体字破坏了汉字的科学体系,简体字的部件符号使汉字不伦不类,简体字割裂了汉字字形系统,简体偏旁部首破坏了字源,简体字破坏了表音功能,用简体字阅读典籍造成混乱,简体字破坏了书法艺术,简体字还破坏了两岸的统一,一句话,因为大陆的简体字,造成了罄竹难书、遗患无穷的恶果……

看了这些专家之论,"精英"之说,不妨问问自己:简体字,我们正在使用着的、有着法律守护的简化的汉文字,它还是字吗?

如果不是字,那它是什么呢?

也许,在有的人眼中,它就真不是"字"了,而是仇恨与邪燕,其至连繁与简的争论本身都定位在"正与邪"的位置上。这里,我们不妨奇文共赏一下,一位叫YUANZHOULVPAI的人说:

香港人在"九七"以前,对中共的简体字的称呼是"大陆字"。也就是说,它不是中国字,也不是汉字,它只是现在大陆使用的一种文字。它不是真正的汉字,使用这种假假的文字,它的后遗症也随着时间的过去,慢慢地浮现……因为虚假的汉字阻断优良文化的承传,承载着的只是虚伪的文化,也就产生无所不在的"假货"……正体与简体字之争,不是多一画少一画,多一点少一点的问题,而是真与假,正与邪的问题。

好家伙,连这场争论的本质都给定位了,这多少有些泛政治化。相信绝大多数参与争论的人都不会是这样的心理定位。

但怎么好好的,有着十三亿人正使用着的简化的汉字系统,一夜之间就成了似乎万人声讨的对象了呢?是网络媒体在放大这种声音,从而造成了假象,还是简化字本身真的出了什么问题,以至于我们必须放弃使用这种符号系统才能解决包括国家统一在内的所有问题呢?

看来,汉字最近有些烦!

只是想,这好好的汉字,怎么说烦就烦了呢?

不行,得弄清楚个来龙去脉。汉字怎么啦?我们的简化字怎么啦?难道汉字从五千年的过去由繁而简走到今天,真就出了什么大事了吗?

好在,历史不是一两个人可以鼓捣的,文字史更不是可以随意忽悠的,即便是网络社会,呛声的话,雷人的词,也得有个边际……

第一部分

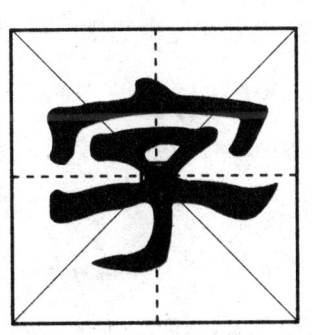

在上海的博物馆里,一件西周礼器的铭文中,有这样的一个符号:一个小儿,醒目地站在象征着宗祠的屋顶之下,这就是汉字的"字",它的造字意图可以理解为:把一个新生命领到天地、祖先面前,通过某种命名仪式,希望它能承担起沟通永恒祖先和无限未来的使命……

这段摘录自电视片《汉字五千年》的文字,似乎帮笔者表达了本书本篇所要表达的中心内容:文字,它就是"字",是用来承担沟通人类彼此的一个符号,沟通未来的一个信使。对于这样的符号,先人造下后,我们表达了对她的尊敬,文化人的教育中就有一项是"敬惜字纸"的;敬字,同时也爱字,爱字,就包括着呵护,包括着对它在发展过程中衍生的枝枝蔓蔓的整枝与整容。

图1 青铜器上的"字"。

曾经,有一个美好的传说:在巴比,有一个塔,它是与天相通的。这个与天相通的东西,让上帝非常震惊,念想着人怎么可以与上帝直接会话呢？于是，便变乱了各地人种的语言，让他们各自寻找属于自己的文字……

在世界的东方，一种被叫做"汉字"的符号被找到了。这种符号所带给他的使用者的，是一种历经了五千年风霜的岁月体验。它的生命特质里所表现的那种顽强，使一个民族从遥远的古代走到了今天，还必将走向永远。

这是一种怎样神奇的文字呢？

这就是汉字，我们正在使用着的汉字。

正像上文所说，汉字，它就是先人们"找"（创造）的一套供彼此沟通的符号系统。因此，它应该属于工具类的东西。而人类之所以区别于其他动物，也就是人类最先使用了工具，并且不断地改进了工具。

在目前纷纷扰扰的有关文字的繁简争论中，有一个很重要的焦点，就是对于简化字的非议，认为它修理了繁体字，从而割断了历史，中断了传承，破坏了文字的美感，颠覆了文字创制的科学系统。

简化字真是这样的一个无厘头的破坏者吗？简化字到底从何而来？在文字的上古时期，它到底有无踪影可寻？或者它一开始就有着低俗的身份，因而永远只能屈守在"俗"字和"破"字的边缘地带？

也许，争论着的我们，都应该往源头的方向走一走，或者，对于字，对于繁体字和简体字，才能有个更清楚一点的认识。

就当是一次旅行吧！

当我们把眼光投向那洪荒的过去，逡巡在远古的文字丛林时，那里该是个多么美丽而质朴的世界！群芳斗艳，古木葱茏，那里有小鹿从容学步，飞鸟云天试翅。在这和谐的生态世界里，忙碌着我们熟悉而又陌生的初民，他们以锋利的器物，在兽骨、在龟甲上刻下了无数令人扑朔迷离的符号，刻写着那一代拙朴的文明……

一  五千年前，雨夜里飘来的哭声……

也许，汉字的创造，是先民们刻画的结果，但是，在民间的传说里，还有着另外的脚本。

汉字，从发生学的角度讲，有太多的故事。特别是将其与另外的几种古老文字，如埃及的象形文字、古巴比伦楔形文字、古印度哈拉巴文字等比较起来，只有汉字有着让人欢闹喜庆的今天。

这真是一件了不起的事。

有关这种文字的创造，我们不得不提到仓颉的传说。说在远古时代，文字创造出来时，那一个动静，真是神鬼尽知，以至于"天雨粟，鬼夜哭，龙为之潜藏"。什么意思呢？说的就是文字这东西太伟大，天地鬼神都震动了，连龙这样的神物也得潜藏起来……

天啦，文字的力量真是可怕啊！

仓颉是神还是人？如果是人，他不该长着四只眼睛；如果是神，那汉文字就是神赐予我们的先人并沿用至今的。

其实，仓颉是人或神并不重要，这个传说无非是要表明文字被创造后，就有了历史的记录，就有了思想的传承。

但是，透过远古那"雨夜"的气氛，那"哭声"的惊悸，我们多少还是认识了这事于我们的先人，于先人的后辈如我们的意义。因此说，所有与汉字有关的事，都是大事。这种符号被创造出来后，就有了神灵的意义，神护的功能。

这就开启了我们下面的所有话题。

褪去神话的外衣，我们看到，文字也就是劳动者创造出来的。是他们在风雨劳作中，在欢愉调笑或悲伤忧郁中，感觉有好的东西需要记下来，有快乐的事要与他人分享，有悲伤的心绪要与友人倾诉……这才

图2 《三才图会》中的仓颉像。

有了一笔一画的刻写，才有了从最先的摹人图形到大篆到隶书以至于我们今天的楷书一类的文字。

当然文字从创造出来到整理成形，有很多古代精英的参与。估计仓颉就属于古代文字精英类的人物。传说中的仓颉是黄帝的史官，这位史官长着四只眼睛，具有超人的观察力。他在看鸟飞翔兽奔跑满世界寻找食物留下的足迹符号时，受到了启发，因而创造了文字。

真想看看史官仓颉先生长什么样子。一个长四只眼的人一定很吓人。

但从上面的图像看，也不是特别的恐怖，似乎还是一个生活在我们身边的人。当然这仓颉先生的"写真"也不是当初的照片，不过是想象中的PP而已。但人们再想象其神奇至于五只眼六只眼，也只能是人神之间的一种尊相了。这就很说明问题，文字其实也就是我们自己的祖先创造

图3　楔形文字(钉头字)的演进表。　　　　图4　汉字演进表。

(图3、图4出自周有光著《字母的故事》)

出来的,只是我们附着了一些神的因素罢了。

　　创造文字,想想就不易。因为总要从象形的描摹最后到符号的定型。符号系统毕竟不是画画,该减省的、该略去的,都得慢慢地减省和略去。由"画(文)"到"字"的漫长演进过程,我们就可以看出这种智慧创造的艰辛。

　　图3是巴比伦的楔形文字(钉头字),它是从"衍形"进而"衍声"的;而图4的汉字,则是从"衍形"到"字符"的。在这里,我们可以清楚地看到图形是如何地一步步符号化进而演变为今天的文字的。

　　所谓创造文字,一开始,并没有一个基本的规则,就是当时的人们彼此在一种相约中,按照相对多数人能识别为前提,在不断的经验积累中,

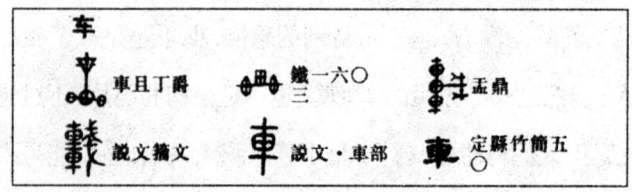

图5　"车"的演变字形。

摹形刻画，慢慢地就形成了规矩与约定。图5"车"的例子，就很能说明问题。

由简而繁，又由繁而简。简简繁繁，都在一种不断的"修理"中。难怪中国的文字学大师周有光先生曾说过，汉文字的改革，"就是给我们今天使用的方块汉字进行修理（简化）"。

汉字在被人们创造出来后，由最先的象形摹写，又有了形声、会意字等。这样，一个字往往是几个字的复合。甚至复合后在另一次的借声借义中，有着"再而三"的整合……如此叠床架屋，不免显得繁难。如繁体字的"圍"字，它最后的字体字形竟是这样的：

① 最初之形，原也是很简略的：

② 接下来有了更清楚的描述：

③ 金文中还有更清楚的，跟画儿一样：

④《说文解字》里规范成符号了：

⑤ 隶变后有了今天的模样：

⑥ 楷书的繁体字：圍

⑦ 简化后的字：围

从这一路的演变，我们可以清晰地看到其从图到字的过程。以金文的"画儿"更可知所谓"围"的本义：那四个脚丫，围印在一个圈旁，或者表示祖先在巡护、祭奠或者庆祝？看得出，圈里还有"手"，还有"栅栏"状的刻画，不管先人们在这里还要表示其他多少意思，但有一点是很清楚的：围。

《说文解字》（以下有些地方简称《说文》）："圍，守也。从囗，韋声。"按：甲、金文像人围攻或围守城形。

①与②或者也就是同时出现的"围"字，你很难说它谁是正体谁是俗体，而演变到③后，显然就在"叠床架屋"了。但通过大小篆的规范，及至于隶变，这个"围"字又减省了不少的笔画，由繁难而至于简略起来，终于成了真正的文字符号。一直到简化字的"围"，也就是我们今天正使用着的文字。如——

"连长，连长，我被敌人包围了！"

在甲骨文中，就已出现了"龟"字了，只是当时的"龟"字有各种不同的写法。

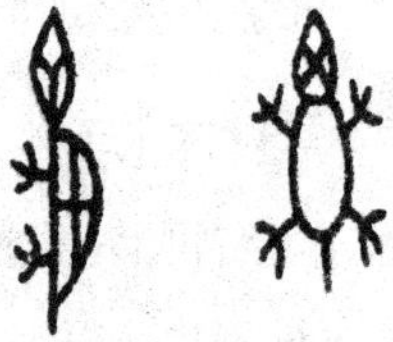

图6　甲骨文中的"龟"。

可见，是一只直立的乌龟的形状，一看便知是个象形字。上面的是龟头，下面的是龟的尾巴，中间是龟身、龟甲和乌龟的两只或四只脚。甲骨上所刻(图6)右边的"龟"与金文的"龟"近。

金文中的"龟"(图7)是一只俯视图，可以说是

图7　金文中的"龟"。

惟妙惟肖的一种刻画，透着一种鲜活，形态可掬。当然，这也都是一种"异体"，其实甲骨文中的一些"龟"与后来繁体字的"龟"更有着内在的联系：

甲4984　　京津　　龜父丙鼎　　说文 古文　　说文 龜部

图8　甲骨文4984号的"龟"与繁体字"龟"。

图8中的这个"龟"就是《说文解字》"龟"部中的小篆字形。而在淮源庙碑上，"龟"字已经隶化。

图8中的"龟"(《说文》龟部的"龟"),已经是繁体字的前身了。《说文》:"龟,旧也,外骨内肉者。从它,龟头与它头同。""龟头与它头同"这一句很形象,"它"是蛇的古字。它

图9　淮源庙碑之"龟"字。

头,也就是蛇头。繁体"龜"的头下左部,好似侧面描摹的龟脚,而连尾中脊线以右的则是龟的背甲骨。

但是,这个"龟"字实在是太难写了,且笔顺也不太清楚,从哪儿下笔当然知道,但接下来的笔画顺序,不是每个人都弄得清楚的。

后来的简体字即成"龟"。虽然没有了龟的明显的脚与清楚的背甲,但与《说文》中收集的古文的"龟"还是差不多的。证明这个字古已有之。且"龟"在老百姓心中也是一种鱼,因而从鱼,且尾巴还是保持了龟的形状。

图10　建国后第一次文字改革征求意见稿,由郭沫若定稿于"鱼"。

"龟"字的文化内涵是十分丰富的,在中国的传统文化中,它与传说中的"龙"、"凤"、"麟"并称为四大灵物。龟为何如此受人尊重呢?主要是因为龟的长寿。传说龟可以活千年以上,因而古人常以"龟龄鹤寿"喻

人长寿。

那么，我们由此看一看那个"寿"，在古文字里又是个什么样子呢？下面图形分别出自鼎器和碑刻：

甲骨文： 　　　　　简牍文字：

金文： 　　　　　　《说文》小篆：

北魏《高英墓志》： 寿

《说文解字》："寿，久也。从老省，畴声。"以甲骨文的这个"寿"字为例，上半部就是个"老（省）"部件。从这个部件的形状可以看出长发卷曲的老人形象；声符是下半部分的部件。虽为"声"，也是曲曲弯弯，表声也表意。所以，这个"寿"字以其卷曲可伸的形状，蕴含着延长生命的意思。

这里，没有必要去考察"寿"字的字意了，我们只是想说，古人在这个字上所做的另外的文章。因为"寿"有着吉祥的意义，因而很多人在其形上，刻意地表现百变的"寿"意，无非就是要强调一个美好的心愿：长寿！

那么，"寿"字的不同形状到底有多少呢？据不完全统计，竟有300多个，都是将"寿"字图形化、符号化、艺术化的结果。在承载这个"长寿"之义的载体上，又有了新的诠释，如将"寿"字长写则为"长寿"，将其字写大、写高、写圆，则分别为"大寿"、"长寿"、"圆寿"（即无病而终之

图11　何满宗所书长"寿"，竟拍出了22万的天价，现在镌刻在有寿岳之称的南岳山上。

义)。也不知道从哪一代开始,就流行送"百寿图"了:

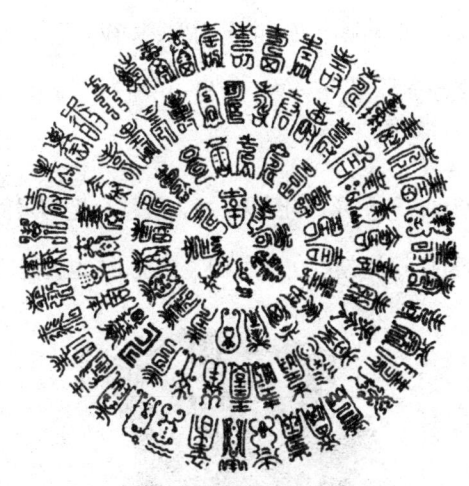

图12 百寿图

由这个"百寿",我们可以知道,"寿"字原来是有这么多个俗字的,包括甲骨文、金文上的"寿"字,简牍上的、墓碑上的"寿"字,不知道这个"寿"字的所谓本字是谁了。

从上面所提到的"围"、"龟"、"寿"等几个字的情况来看,既有象形字,也有会意字,还有形声字。这都是造字的方法,也就是古人总结的所谓"六书"。六书中还包括指事、转注、假借。我们这里就不展开了,还是回到前文所提到的那个仓颉造字的传说上来。

仓颉造字,这肯定是个虚拟的故事。古人为什么虚拟这么个故事来呢?是想用来说明字的神秘,字的能量。而有着这么大能量的神秘之物,必定只能有少数人掌握(很多人都掌握的东西还能称得上神秘吗?),这才虚构了这么一个神话来:

《说文·序》:"黄帝之史仓颉,见鸟兽蹄迒之迹,知分理之可相别异也,初造书契。百工以乂,万品以察,盖取诸夬。"《淮南子·本经训》则说得更神乎:"昔者仓颉作书,而天雨粟,鬼夜哭",帝感其诚,乃赐以"倉"姓,意为君上一人,人下一君,倉也。可见对文字出现所给予的特别重视之态。

文字早先常用来记录占卜的结果。殷人往往会把何时何人问卜何事以及占卜的结果全部以符号刻写在龟甲和牛骨上,这也就是所谓的甲骨文:

图13 刻有"妇好"的甲骨

在已出土的甲骨文中,发现有一片甲骨上记录了商王武丁的妻子妇好(这算得上是中国历史上第一个有名有姓的女人)生育前的卜辞。占卜的结果是"不嘉",为什么是这个结果呢,因为将要生下的是一个女孩。因而,这个"不嘉"的结果,以及其他的全部秘密,也就埋藏在历史的尘埃之中了。

在考古学者的发掘记忆里,有一具骨架与甲骨埋藏于一处,这位先人可能就是当时的一位"贞人"。贞人的尸骨与占卜的甲骨埋藏在一起,表明的是刻有文字符号的甲骨的神圣,需要精心收藏与守护。这位贞人是活着就与这神圣的甲骨守在一起还是死了与甲骨合葬一处？那当然就是另外的一个故事了。但不管哪种形式，都说明这些甲骨文在那时人的眼中，必属神圣，即便是妇好生育之卜这样个"不嘉"的简单结果，也是神秘的，是不足为外人道的玩意儿。

其实，从我们今天的角度来看，那些埋藏的神圣的东西，并没有多少秘密，也无非就是生男生女，或者外出吉祥与否的一些生活中极常见的卜问及其结果。那么，为什么甲骨文的内容还如此秘不示人呢？实际上，商王和贞人们守护的并不完全是占卜的内容，而是与祖先沟通的权力，也就是一种话语权。这个权力是不容许他人染指的。电视片《汉字五千年》为此引了陕西师范大学历史文化学院王晖教授的一段话：

人们都相信鬼神，祭祀鬼神的权力、占卜的权力都在商王手中，商王就可以用这种方式来统治人民。就是说，这不是我的意见，这是鬼神的意见，鬼神要这么做，用这个方法来统治人民。（《汉字五千年》，新星出版社，2009年，40页）

……

本书至此，突然觉得这一招似乎现在还管用。想到甲骨文中本来还算简洁的字，后来为什么越来越繁，越来越难？想到本来是记录生活常态的文字，为什么越来越神圣，越来越为少数人所掌握所使用？

为少数人？那么"少数人"掌握的就是一种文字的权力，而"多数人"没有掌握这个权力，那就只能是"文盲"，是不能认字的人。

是谁不想让他人获得更多认字的权利呢？

有没有人要制造让更多的人成为"文盲"的字呢？

不要想得太多了，我们后面再说这个问题……

二 一个字的识读与一首诗的记忆

文字创造出来后，有了神圣的外衣了，也就越来越繁复了，叠床架屋的东西也就越来越多了。

为什么如此，我们还得从造字的"六书"理论说起。

其实，汉字并不是在有了"六书"这个造字法则以后，在这个"理论"指导下造出来的，而是先有了汉字，才有了"六书"。所谓先有了实践，才有了理论。"六书"是古人根据汉字的结构归纳出来的汉字构造理论，也就是后来的造字用字法则。

"六书"中的象形字，我们一看就懂，前文所提的"龟"就属于此类。

"六书"之二，是"指事"字。"所谓指事者，视而可识，察而见意，'上''下'是也。"这也好理解。比如"本"，这个字的原意就是树根，用什么方式来表示树根的本义呢，在"木"字下加上"一"，表示在这儿哩！——这就是"指事"。同样的情况如"末"，树梢，也就在"木"的上头加上一小横，指事其意。再如"刃"字，在"刀"的锋口上加上一"点"画，指事其"锋刃"在此，即成"刃"字。用这种方式造出来的字，就是"六书"之"指事"字。

"六书"之三，是"会意"字。所谓会意者，《说文》上的说道有点儿"扯"，还不如我们自己来解释。所谓会意，就是把两个或两个以上的实物形体合起来，从它们的联系或配合上表示出一种新的、通常是抽象的意义。比如把三个"石"堆放在一起，就叫"磊"；把"日"与"月"放到一起，即表示"明亮"的"明"；又如把一个"日"字放在草丛中间，就表示"莫

(暮)"。

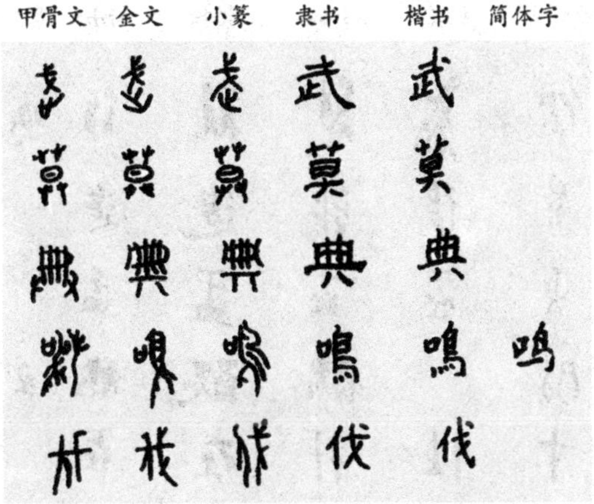

图14 会意字字形演变举例。

"六书"之四叫"形声"。形声字好解释：一边儿是形，一边儿是声。

"六书"之曰形声。所谓形声，"形"即形旁，也叫形符或意符；"声"即声旁，也叫声符或音符。形声字是由"形"与"声"两个部分组成的。如"湖"、"病"、"筷"、"柜"等。形旁表示形声字的意义是属于哪一类的，它是形声字的表意部分；声旁则是表示这个字怎么读，读什么音，它是形声字的表音部分。如上文之"湖"，"氵"表示水，"胡"表示读音。

在我们的汉字总量中，形声字应该是最大的一块，因为这种方法"造字"来得快，也容易让人识读。可以说，所有纯表意的象形字、指事字和会意字，都可以是形声字的造字"原材料"。一些已经是形声字的"字"因其读音的关系，也用来作为新的形声字的声旁用。如"影"字，它的声旁"景"本来就是个形声字，其"日"是形旁，"京"是声旁，又如"湖"字也是这样。

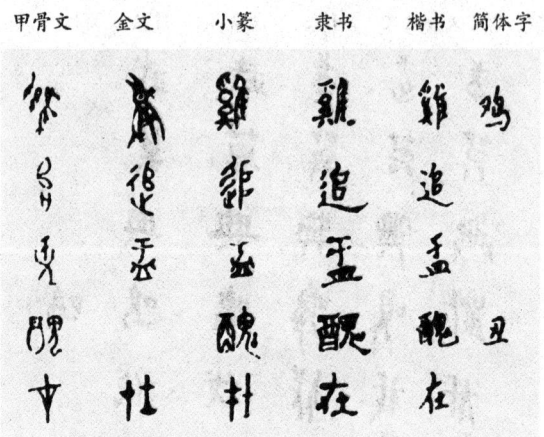

图15　形声字字形演变举例。

（图14、15出自陕西师范大学出版社《汉字的故事》）

这样，形声字就有了它的优势了，一则是因为它有了表音的成分，读起来本身就带了标音的成分；二则是它信手拈来的造字方法，使得汉字的字量极速地膨胀。形声字在汉字库里到底占多大的比例呢？有这么一个统计。在甲骨文里，形声字仅占20%，在《说文解字》中，其占比就达到了82%之强。而在《康熙字典》中，形声字的占比约有90%了，在现代汉字中，形声字的占比竟在90%以上。由此可以看出这个"形声"字的强大生命力、繁殖力。在很多时候，人们对于形声字采取"读字读半边"的方法，基本上也能有个八九不离十的准儿。如"湖"字，读"胡"音即可；又如"筷"字，读"快"无错；再如"盂"、"忍"、"和"分别读它们的声旁也就可以了。

当然，这不是说，读字读半边这种方法就可以提倡，毕竟汉字的表音部分随着民族间的交往、人群的迁徙、朝代的更替,许多字的读音已经发生了变化。即使如"欣"、"草"这类我们常用的字,读它们的声部也是不太准确的。至于像"深圳"的"圳"字,如果读"川"音,就大谬了。

我们这里不想将话题往读音识义方面引,而是想说,因为有了形声这种造字方法,汉字的造字有了突破性的进展。人们可以顺心顺意地造出新字。如上面所说的"影",本来声旁"景"就是形声字,"日"是形,"京"是声,再加上三撇,又是个新字。如此叠床架屋,已有几层了。

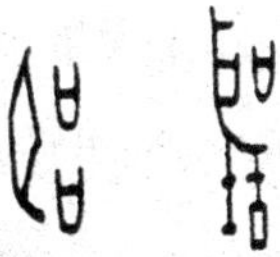

图16 甲骨文与金文的"听"。

由于这样的造字方法,使得汉字的笔画越来越多。有一个繁体的"聽"字,其笔画之多,让人望而生畏。其实,该字在甲骨文中是没有如此繁难的:

甲骨文的"听"从"耳"从"口",是个会意字。金文的结构与甲骨文的结构也类同,亦是从"耳"从"口"。但在文字的流变中,这个从"耳"从"口"的听字越来越繁难,竟至22画之多。

"聽"是个常用字,蒙学就得学会。这对于小学童而言,是件苦不堪言的事。苦着的还不止是学童们,教书的先生也是一样的无奈,因为你得教会学生这个字,否则那几束腊肉也不是好拿的。为了帮助学童们记住这个字的字形,传说某先生为此编了一首诗,或者说一个"顺口溜"吧,是用来介绍这个"聽"字的:

小学童本姓王,

生来耳朵长;

今年十四岁，

一心上学堂。

记是好记，虽然除了"耳朵"两字多少跟"听"还有些关联，其他各句也就是用来说笔画和构件了。如果每个繁体的汉字都要这样识读与记忆，中国的教书先生都该成为"顺口溜"集大成者了。

可见汉字太过繁难并不好。笔画上一定要做到能省减则省减，这就让人好读好写了。

这个繁体的"聽"字虽然有了22画之多，但它还不是最终的结果。因为汉字造字的形声字是要借其他读音组成新字的，有人又看上了这个繁写的"听"字。为了造出个大厅的"厅"字来，按照形声字的造字原则，人们将这个"小学生本姓王，生来耳朵长"的"聽"字在上面加了个房顶"广"，就成了"大厅"的"厅"了，其繁体字写作"廳"。

好家伙，这字是造出来了，笔画可是大大增加了，25画呐。

……

由于这种造字方法的突破，25画的字还算不了什么，还有比这个更多的，如"憂鬱"的"鬱"，29画；"黃鸝"的"鸝"、"飯饢"的"饢"，30画；"呼籲"的"籲"，32画。

图17 "忧郁"二字的繁体写法。

一个很简单的问题：

我们的书写需要这么繁难吗?

汉字的繁难,就不可以"修理、整枝"一下吗?

这么繁难的文字,就一定是老祖宗的好宝贝,只能一成不变地呵护下去,并且一代一代地继承并"发扬光大"它吗?

其实,答案并不复杂。

 中药铺的龙骨或真有药用价值?

其实,纵观汉字的发展史,简繁互补是中国文字的演变规律。现在能够见到的最早的汉字是殷商时期(或殷代后期)的文字,包括甲骨文和金文。二者是同时的,主要区别在于:金文可以看成是当时的正体字,用在比较庄重的场合;甲骨文是当时的一种俗体字,是日常使用的比较简便的字体。目前发现的西周时期的甲骨文数量很少,但出现了较多的长篇金文。比较而言,甲骨文,笔画相对简单。金文中很多字被繁化了。小篆比金文简化,而之后的隶书又有繁化的趋势。直到后来的唐楷繁简相宜,汉字终于基本上稳定下来。

所以说,汉字自它产生那一天起,繁与简的冲撞与呼声就一直相依相伴着。其所以繁,也并不完全是出于好看的要求,而是先人们为了达到表达的"精准";而为了简,也并不是要放弃精准的表达,而是求区别,求简易,书写起来方便、快捷。这样,文字有几千年的历史,繁与简的相依相伴就有几千年的历史。

这实在不是一种奇怪的东西。正如"选择"与"放弃"这样的一个哲学命题一样，繁与简的矛盾，也一直在一种选择与放弃中。而不管是选择还是放弃，它们既是放弃，也是选择。放弃是选择的放弃，也是一种选择。所以繁与简，它们就这么一直走来……

汉字繁难的笔画该不该简化，也许我们得先撂下它，再说说另外的故事，然后重新回到此话题上来，可能更利于把话说得清楚一些。那么，我们就说说甲骨文发现的故事吧。透过这些故事，我们可能还会发现另外的"秘密"——

就像汉字的"制造"有着传奇般的经历一样，甲骨文的发现，也有着另外传奇色彩的故事。

看来，中国是一个不缺少想象力的国家。

1931年，在北京发行的一份地方报《河北日报》讲了这么一个事儿，这事儿从此就成了与文字有关联的"故事"。说是光绪二十五年（1899年），国子监祭酒王懿荣常闹疟疾，得吃药。按当时的中医的拿捏，这种病，得服一种叫"龙骨"的药，方可药到病除，取得特效。王懿荣便遵医嘱派人去中药铺买将过来，按方服用。有一天，王的仆人在捣碎这种药片时，偶然发现这所谓的"龙骨"，不过就是沉地多年且粉化了的动物骨头，且骨头上还有一些深深浅浅刻着的咒纹般的符号。这事，立即引起了王的好奇，便索性叫人在北京的中药铺收来不少这种"龙骨"，蹲家里把玩着，冀图从中发现些什么。适有朋友造访，而这朋友也不是别人，是文字学"票友"刘鹗。于是，谁也没有再提治疟疾的事，一门心思琢磨起这骨头上的符号来。这一琢磨不打紧，竟闹出一门学问——"甲骨文发现学"来。

历史当然会有很多的疑点。王懿荣有没有闹疟疾，这不重要，因为

图18　王懿荣像

这不过是当时的小报记者编故事时需要的一个噱头。但是，记录文字的甲骨文的故事，肯定与王懿荣有关。而最接近真实的情况是，当时颇有眼光的山东古董商范维卿奔走于各地淘宝时，在河南安阳发现了这种有字符的骨头，然后也是出于好奇，将之送到在京城里有着地位与影响的，同时又是青铜器收藏家的"王祭酒"懿荣先生家，让他帮着掌一眼，把玩把玩。

下面的故事，就不是编的"传奇"了，但确实又有几分传奇甚至悲壮色彩：也就是王懿荣获受"龙骨"的第二年，八国联军的铁蹄就踏破了北京城的古梦。正与寄居在此的刘鹗精心研究龙骨文字的王懿荣不堪国破城亡的羞辱，愤然投井殉国，结束了生命，也结束了他对于龙骨的牵挂与研究。

王懿荣死了，刘鹗也只得离开王宅，远走他乡。临走，告诉王家后人，有事可以联系。此后没有多久，王家后人见到父亲收藏的那么多龙骨没有多少用处，便辗转与刘鹗联系上了，并将这些骨头一并转让给了刘鹗。刘鹗自然知道这些骨头上所刻的符号意义何在，他自己也努力收到了一些甲骨，于光绪二十九年（1903年）从5000余件龟骨和兽甲板骨中挑出了大而清晰的1058件，用传统的拓片方式，将符号拓下，印成一本书，取书名为《铁云藏龟》。为何用这么一个有些古怪的名字呢，说穿了就不怪了，因为"刘鹗"是名，"铁云"是刘鹗之"字"，故有《铁云藏龟》的书名。

图19 正反两面约有150字左右的大甲骨。

《铁云藏龟》出版了，甲骨文的概念也就诞生了。

图19这块承载着150字远古信息的骨头，是一块牛肩胛骨，刻痕清晰，文字似可一眼读出。

有关甲骨文的发现与研究，以及古人在这些骨头上刻字的目的等等，这里不往深处走了。就文字的故事，还想提起一件事，那就是"侯马盟书"，这事虽然与甲骨文相隔得有些久，而且"盟书"上的字也不像甲骨上的字是用尖利的工具刻画的，山西的"侯马盟书"是用毛笔蘸着朱砂和烟墨写成的。但从文字的形态来说，也就是甲骨文后到大篆以前的古文字。这些在山西省侯马市出土的石片和玉板上的文字，据文字学家考证，是用来记录诸侯间结盟誓词的。这个盟书里的文字，属于东周时期。"侯马盟书"有个特点，它上面的文字，往往一个字有十几种写法。哪一种方便写，就来哪一种。在侯马出土的文书，一共有5000多件，其中可以辨识的文书石片或玉板，竟有十分之一强，总字数约3000多。而这中间，仅一"敢"字，即有90多种写法。还有比这更多的，一个"嘉"字，写法竟有100多种。所以，电视片《汉字五千年》在说到这儿的时候，很幽默地说："为了书写便利，每个执笔者都在根据自己的喜好，简化汉字"。还说，"这一点，也毫无例外地体现在春秋、战国时的钱币和兵器上"。（《汉字五千年》，新星出版社，2009年，45页）

其实，不止是春秋战国时的文字，早在甲骨文里，这种自行"简化"的事就发生了。很多字，在早期的时候繁繁简简，都有过互用，最终还是简体的留了下来。

如从甲骨文到小篆的这一历史过程里的这么一组字，就很能说明当时繁与简体同时存在的情况：

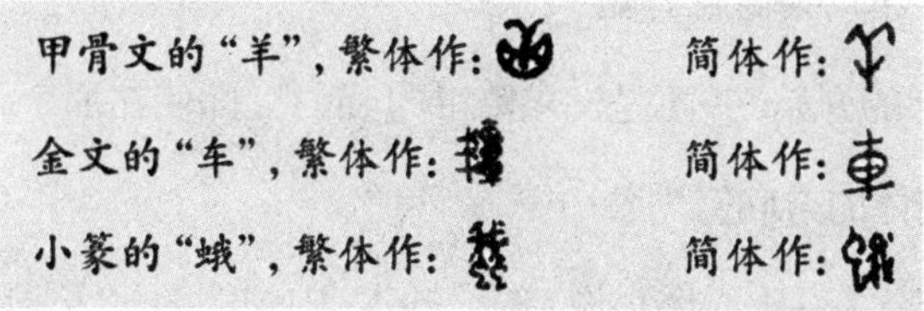

甲骨文的"羊"，繁体作：　　　　简体作：
金文的"车"，繁体作：　　　　简体作：车
小篆的"蛾"，繁体作：　　　　简体作：

图20　繁简并存的现象。

（见李楚：《汉字的故事》，陕西师范大学出版社，2009年，128页）

29

可见，任何时候，汉字都是不排除简体写法的。

那么，接下来的事就有意思了。我们的先人在创造文字的过程中，他们没有更多地想到左右对称，上下关照，倒是后来的人们，为了多方的考量，才把文字弄得越来越好看，越来越"精准"，当然也越来越复杂了。试问，这样越来越好看的字是不是也可以修理一下，往简化的路上走呢？

如果我们看到当时的甲骨上的文字，一定会感叹于先人们的简练，因为那些文字，本身都并不复杂；复杂繁难的文字，是后人的创造与功劳。

那么，晚清中药店的"药"，在诊疟疾的同时，是不是对于我们今天的人们也有些"药用"价值呢？比如醒醒神什么的？醒过这"神"来后就会知道，其实，文字的开始，并不是追求繁难的。而且，即使在那个时候，人也就同时在向简体的方向努力着……

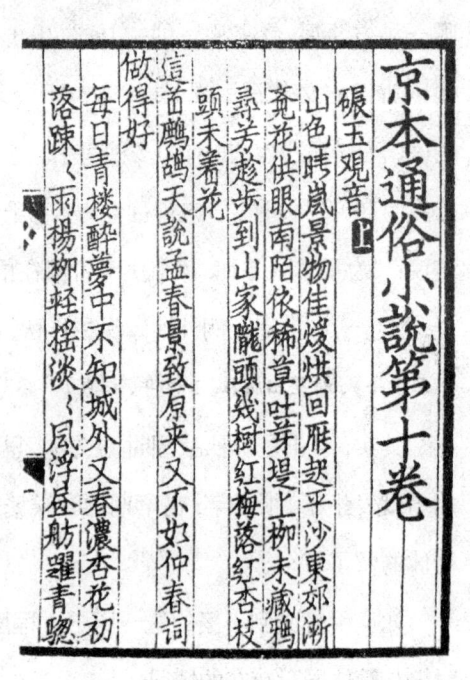

图21　《京本通俗小说》的元抄本。

图21是宋代《京本通俗小说》的元抄本，内中的简化字是随处可见，近似于今天的出版物。

图22是唐代大书家写的《争座位文稿》，其第一行"检校刑部尚书"中的"检"字，与今天我们通用的"检"字别无二致。

面对着这样的事实,从中药铺的甲骨,到唐代大书家的作品,再到元抄本的《京本通俗小说》,哪里都可以看到与繁体字并行的简体字,也就是说,简体字是一种如影随形的现象,是一种来自民间智慧的集合,也是来自民间的文化权力的要求……

从甲骨文的先民刻字,到近世民间的"俗字"流行,无非是想说明一个道理:汉字是可以简化的,汉字也是应该简化的。

也许,我们住在简化字使用区域的人说话更多地带有"孩子是自己的好"的看法,那么,我们这里引用一位生活在繁体字使用区域的学者、澳门冼为铿先生的一段文字来作一个延伸阅读吧——

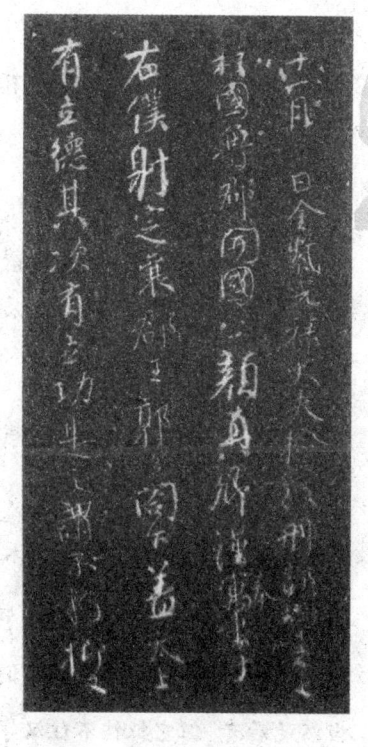

图22　唐代《争座位文稿》。

"汉字已有三千多年的历史,从甲骨文、金文、大篆、小篆、隶书、楷书,一直演变过来。在发展变化过程中,汉字既有繁化、也有简化,而以简化为主流。因为简化字既便于书写,又便于认读,符合人们工作上和生活上的需要。我们以甲骨文的'渔'字为例。甲骨文的'渔'字异形甚多,或从鱼从水,鱼的数目有四条的,有一条的;或从鱼、从网、从手,像捕鱼状;或从手像垂钓得鱼状。主张繁化的人当然喜欢这个'渔'字,因为这是一幅生动活泼、见图识字的文字画,很有艺术性和田园风味,但它为什么不能保持至今而被楷书的'渔'字所取代呢？就是因为不便书写。"

冼为铿的文章以事说事，读来让人信服，那么，这里接着再引他的一段文字，说的是个"集"的"故事"——

举一个"集"字为例，小篆的"集"字是木上三只鸟（隹），《说文解字》："集，群鸟在木上，从隹，从木，或省作集。""隹"就是鸟，三隹在木上，当然会意是群鸟聚集于树上的意思。为什么人们后来写"集"而不写"雧"？要说科学性，当然是后者，但它抵挡不住汉字简化的潮流。（原载《九鼎》月刊，2009年第4期）

不知我们喜欢读中国古典四大名著的读者朋友们注意到了没有，现存的元代刻本《水浒传》中，就已经出现"劉"的简化字"刘"了。实际上俗体字，或简化字，一直都在民间流传着哩！

簡化漢字：

不應廢 可微調

图23 《九鼎》冼为铿文章插图。

四 蔡元培、鲁迅等先贤的一次集体激动

汉字不简化，认读难；认读难，势必要把很多的人挡在识字读书的大门槛之外，这样的结果就是中国受教育的人越来越少，而受教育的人少

了，科学技术的普及就是一句空话。

一个没有科学知识普及的国家，一个不能与时俱进的民族，一定会在世界大潮中落后。而落后就要挨打，这恐怕不会再有人怀疑的了。

中国因此遭到了"挨打"，到了晚清的末年，已经是遍体鳞伤了。

当然，这个"挨打"不是因为汉字没有简化，但显然，让民众接受更多的教育，让国人懂得更多的现代知识，我们可以在很多方面做得比当时更好。

但当八国联军，当后来的美、英、日、俄势力在中国瓜分我国土，凌辱我人民时，我们太缺少力量了。举目当时的中国，无论城市、乡村，民众大都是文盲、半文盲。他们没有受到很好的教育，他们在一种逆来顺受中沉沦，任人宰割。为此，鲁迅先生是"哀其不幸，怒其不争"啊！

包括鲁迅在内，此前、此时的蔡元培、陈独秀等等当时的一批知识分子在痛苦地思考着，是什么原因，让堂堂的大中华如此衰落？

"五四"前后的中国知识分子们百思不得其解。他们中的一些人认定了一条，枪炮不如人、工业不如人是因为科技不如人，教育不如人。而要普及教育，就要在破解汉字书写繁难的问题上下工夫。他们认为，正是因为这难写难认的汉字，才阻挡了中国文化的普及，使得中国在政治文明、法制建设方面，远远落后于西方国家。

应该说这个思考是有合理价值的。"五四"运动时期及后期，新文化运动冲击到了汉字的改革问题。有一个有趣的事件，1922年8月《国语月刊》汉字改革号出版了。该期刊物的封面设计得很特别，看着有些使人害怕。画面上一支由"注音字母"组成的革命军手持带血的刀枪，正在乘胜追击着一群吓得屁滚尿流的牛鬼蛇神——汉字。封面设计者把汉字画成青面獠牙的神鬼，正被"注音字母"（亦画成人）砍杀着，东躲西藏。设计者还将当时正在讨论研究的"国语罗马字"画成"革命军的后援团"，他们个个头戴呢帽，人人身穿洋服……

汉字当时成为这种状态，是与一批知识分子反思中国的命运相关联着的。当时的知识分子中的精英们在对国家极度失望的情况下，对汉字也失去了信心，认为只有拼音文字才有明天，而汉字没有前途，没有出息，必须打倒，必须废除。早在1908年，一位汉字改革运动者说："今六书文字，难于辨、难于记、难于解、难于用，辞难通、音难同、书难读、字难工。特较标音文字之易习易用者，真不可同日而语矣！"（周有光：《语文风云》，文字改革出版社，1980年，16页）鸦片战争、甲午战争，中国人与外族的两场近代血战告败，迫使国人寻救亡保种之道。"千年帝国衰败之因，先辈从不同方面探究，其中一批将之归结为教育不盛，又将教育不盛之因归结到汉字繁难。"（眸子：《简化字的史源与时运》，中华人民共和国教育部网站）包括梁启超、劳乃宣等人，在重大文宣文书中，主张实行"切音字"。所谓"切音字"，也就是基本依据汉语音韵设计的一种拼音文字。

当然，一种使用了几千年的文字，不是几个人一时的呼吁就能改变的。这种呼吁中的"新字"（拼音文字）不大可能代替汉字。但是，这个运动对汉字后来的改革，还是带来了不可低估的影响。如民国初年所产生的注音符号，20世纪20年

图24 《拼音文字和汉字的比较》一书1954年版封面。

代中公布的《国语罗马字拼音法式》，以及30年代瞿秋白等在北方倡导的拉丁化方案等，都是一种尝试。特别是瞿秋白的拉丁化方案，曾在延安解放区作过文字尝试性使用。而这些，无一不对新中国成立后的《汉语拼音方案》发生了重大影响。

当时在知识分子精英中的一个愿景就是，希望能进行一场轰轰烈烈的运动，将汉字演变成一种拼音文字。正是由这种希望的目标动力驱动着，救国心切的知识分子们在大声地疾呼着：汉字必须改革，汉字必须简化，甚至有的呼吁废除汉字。

当然，汉字是不可能废除的，这些呼声只表明当时知识分子的一种激愤，对于急于改革繁难汉字的一种渴求。而在此前的知识界，汉字改革的运动已经开始了。1909年教育家陆费逵就出版了《教育杂志》，他在其创刊号上所发表的《普通教育应当采用俗体字》一文中，就表明了自己的观点，认为采用俗体字"有利无害，不惟省学者脑力，添识字之人数，即写字刻字，亦较便也。"

下面（图25）是1905年秋瑾写给秋莱子的一封信。秋瑾的信中，几乎能用简体的，一律都用简体。如"学"、"体"、"归"、"国"、"请"等。

由此可以看出，先贤们都是力行其事，都是文字改革的先锋人物。

正是由于汉字书写的繁难，先贤们又看到了这种文字对文化普及的负面影响，因此才有了改革文字，甚至废除汉字的急切呼唤。为的是唤醒还在坚持繁体字不可省减，必须守住老祖宗的宝贝的人们。一种文字，如果繁难得让民众都视为畏途，不能被民众所使用，最终的结果就是大家都成为文盲。

于是，先贤们有了一次集体的激动！

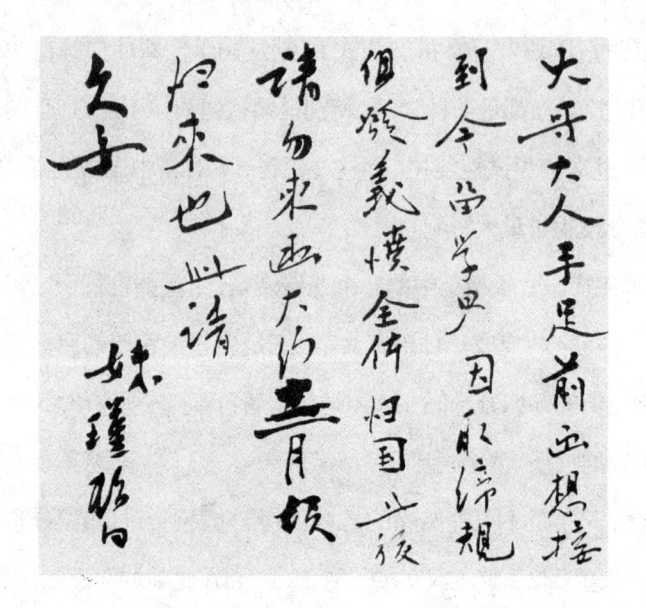

图25　秋瑾1905年12月9日《致秋誉章的信》。

谭嗣同号召"尽改象形文字（即汉字）为谐声（即拼音文字）"，（《仁学》）蔡元培认为："汉字既然不能不改革，尽可直接地改用拉丁字母了。"（《汉字改革说》，《国语月刊》第一卷第7期，1922年8月）钱玄同则宣布："汉字的罪恶，如难识、难写、妨碍教育的普及、知识的传播"，"改用拼音是治本的办法，减省现行汉字笔画是治标的办法……治本法实是目前最切要的办法"。（《减省现行汉字的笔画案》，《国语月刊》第一卷第7期，1923年1月）因而要"废记载孔门学说及道教妖言之汉义"。（《中国今存之文字问题》，《新青年》四卷四期）陈独秀也说："中国文字，既难载新事新理，且为腐毒思想之巢窟，废之诚不足惜"。（转引《汉字趣谈》，122页）鲁迅更有偏激之词，认为"方块汉字真是愚民政策的利器……也是中国劳苦大众身上的一个结核"，（《关于新文字》）"汉字和大众，是势不两立的"。（《答曹聚仁先生信》）而结论是汉字已经过时，必须以拼音文字取而代之。

因为有这么多先贤的集体激动,于是,汉字从神性、王性的高峰坠入以汉字为罪恶、为落后可耻的文化心态中。

汉字的改革,在半殖民地或后殖民主义语域中沉重地开始了。(王学川:《汉字的功过论:由神性到罪性的符号》)

蔡元培、钱玄同、陈独秀、鲁迅都加入到了这一场运动中。

于是,便有了他们对于汉字改革问题的一次集体激愤!

五 汉字简化、戴季陶拍砖与蒋介石的退让

其实,汉字简化,与文字的产生几乎是同步的。当然,大量的流行,是在唐以后的宋、元、明、清各代。之所以如此,是因为民间文学的兴起,以及雕刻印刷技术的发展,书籍出版大量增加,简体字也因之在民间大量地流行起来(从上图21、图22即可以看出)。以上个世纪30年代中央研究院语言研究所刘复、李家瑞编的《宋元以来俗字谱》观之,内中简体字达1600多个,可证中古前后八九百年间的简体字发展的大致情况。当时的统治集团将这些字称之为"俗体"、"破体",只可用之于野史,断不可登大雅之堂,也就是说没有给这些"字"以合法地位。

说起来,历史上第一次给予简化字以合法地位的竟是"国运"不久的太平天国。洪秀全等人深受封建八股的毒害,而且为他打天下的队伍中,不能识文断字、书写家书的文盲官兵大量存在。为了鼓励官兵们多些造化,洪秀全希望他们能尽可能多地认读一些文字,以便提高文化。因而以

己之尊,承认了简体字的合法地位。

从1851年至1864年这13年间里,简体字大量出现在太平天国的印玺和所印发的公告、书籍中。不仅使用了民间流行的简体字,"天国时代"还自创了不少的简体字。据不完全统计,太平天国所采用的简体字共有100多个,而其中80%以上的简体字都已被新中国成立后的《汉字简化方案》所吸纳和采用。

太平天国敲响了清王朝的丧钟,同时,从那一刻起,有计划、系统地对简体字采取集体收集、整理并予以追认的方式,也向封建腐朽文化观念敲了一记响钟。

……

正是因为有自唐以来对于简体字的大量使用,以及近世以来知识精英的呼吁,到了20世纪初叶的"五四"运动时期,枯燥、呆板、吝啬文字的文言文逐渐被白话文取代,清新、通俗的现代文体逐渐走上了历史舞台。推广简体字的呼声也随之高涨。

1920年2月,钱玄同在《新青年》第七卷第三期上发《减省汉字笔画的提议》文章,力倡简化字。两年后,他与黎锦熙、杨树达、陆基等在国语统一筹备会上提出《减省现行汉字的笔画案》。阐述了其主张简化字的理由和办法。钱先生认为,汉字的繁难,是"学术上、教育上之大障碍","改用拼音是治本的办法,减省现行汉字的笔画是治标的办法",而且严正地

图26 《新青年》杂志的封面。

提出，汉字改革，"已经到了'火烧眉毛'的地步"，"我们决不能等拼音的新文字成功了才来改革，所以治标的办法实是目前最切要的办法"。可以说，这个《笔画案》是一个完整的汉字简化方案，其中提出八种简化方法。它们是：

1. 将多笔画的字就字的全体删减，粗具框廓，略得形似者，如：寿、龟。

2. 采用故有的草书者，如：为、东。

3. 多笔画的字仅写它的一部分者，如：声、宝。

4. 将全字中多笔画的一部分用很简单的几笔替代者，如：观、办。

5. 采用古体者，如：礼、云。

6. 将音符改用少笔画的字者，如：灯、迁。

7. 另造一个简体者，如：灶、响。

8. 假借他字者，如：几、干。

这是第一次系统提出汉字简化方法。从这个方案及取例中，我们不难看出，备受诟骂的所谓"解放字"、"大陆字"其实出处有自。倘若一味的咒骂，也是要担些"割断中华文化传承"的风险的。

在这一方案的影响下，1928年，胡怀琛出版了《简易字说》。应该说，这是为简化汉字服务的最早的资料专书。该书共收集简体字300多个，两年后的1930年，刘复、李家瑞合编的《宋元以来俗字谱》问世，该书集简体字之大成，收集了1600多个简体字。同年出版的还有卓定谋的《章草考》等文字改革一类的书。1931年，徐泽敏的《常用简字研究》亦出版。次年，国语统一筹备委员会编的《国音常用字汇》出版，收入了宋元以来的许多习用简体字。1934年又出版了杜定友的《简字标准字表》，徐泽敏则在《论语半月刊》上发表了《550俗字表》，为汉字的简化与改革，呼风唤雨，推波助澜。

1934年，国语统一筹备委员会第29次常委会通过了钱玄同的《搜采固有而较适用的简体字案》，该《简体字案》提出了搜集固有简化字的六个来源：一是现行俗体字；二是宋元以来小说等书中的俗字；三是章草；四是行书和今草；五是《说文》中笔画简少的异体；六是碑碣上的别字等。呈请教育部施行。经教育部批准同意后，委托钱玄同主持编选《简体字谱》。

1935年，蔡元培、邵力子、陶行知、郭沫若、胡愈之、叶圣陶、巴金、老舍、郑振铎、朱自清、李公朴、郁达夫等200位当时文化教育界知名人士共同发起了声势浩大的"手头字"运动，迫使国民政府教育部认可并颁布了《第一批简体字表》。这场所谓的"手头字推行会"是由上海的文化界名士与《太白》、《世界知识》、《译文》等15家杂志社共同发起的。他们发表《推行手头字缘起》，向民众讲明，"我们日常有许多便当的字，手头上大家都这么写，可是书本上并不那么印。认一个字须得认两种以上的形体，何等不便。现在我们主张把手头字用到印刷上去，省掉读书人记忆几种字体的麻烦，使得文字比较容易识，容易写，更能普及到大众。"这样的主张，当然容易得到大众的支持。与之相配合，2月24日的《申报》及其他报纸，都登载了《推行手头字缘起》和第一批"手头字表"。

1935年6月，钱玄同主编的《简体字谱》，收字2400个之多，这对于简体字的收集，已成大观。

在民众和知识界的推动下，1935年8月，经蒋介石阅批，当时的国民政府教育部于21日公布了《第一批简体字表》，收字324个，均是从钱玄同《简体字谱》中圈选的。国民政府教育部同时又附了三个原则：

1. 述而不作；

2. 择社会上比较通行之简体字，最先采用；

3. 原字笔画简者，不再求简。

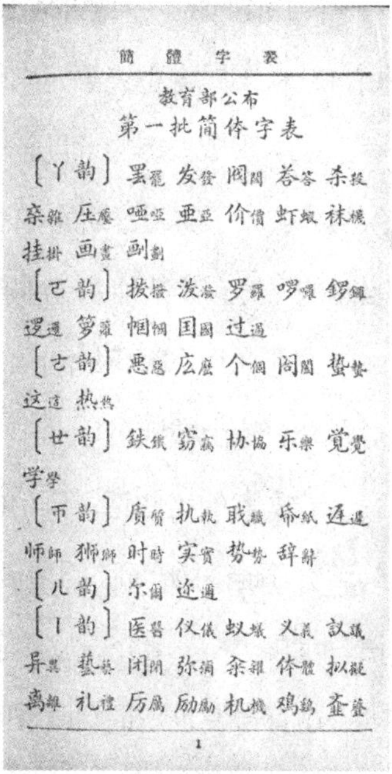

然而，就是这样的一个比较妥协的方案，也立即遭到了戴季陶等人的极力反对。据传，这位长期担任考试院院长的国

图27　国民政府教育部公布的第一批简体字表之第一页。

民党元老曾经跑到蒋介石的办公室大吵大闹，威胁蒋介石如果使用简体字，将会给国家带来什么样的后果。

戴季陶与其他忧国之士的视角完全不同，他每每感叹于高等文官录用考试（高等考试）成绩的低下，他坚持文官录取的优文标准。对他来说，人才不足是和国家民族衰弱直接关联的大问题。而一个好的人才，一定要有锦绣文章才能说得去。他把中国落后、教育不振的原因，统统归咎于教育部提倡的取消小学教科书中的文言文、采用简体字、汉字罗马字化等等国民政府的"国语政策"。为此，他以党内实权派的身份，提交了"简体字应当缓行"的提案。

来自国民党内大佬的威胁，不能不影响到高层"推简"的信心。1936年1月15日，国民党中央第五次政治会议决定："简体字表""暂缓推行"，实际上采纳了戴季陶的意见。一场简化汉字运动，仅仅半年时间，由一度被接受并公布了实施日期的"简体字表"，终又被撤销。这背后的因由当然与当时的局势有着某种关联，同时也可看出顽固派参与其中的干扰与杯葛。

此前此后，戴季陶多次以党内实权派的身份对教育部施加影响，也对蒋介石隔山喊话。

戴季陶的这些话，不可能不给蒋介石以深层的影响，况且行武出身的蒋介石当时所面临的主要问题还不是文字改革、文言文一类的"国语"问题。于是，蒋介石放弃了自己曾经一度的坚持。

还有一说也是提到戴季陶的。

说民国教育部发令正式公布《第一批简体字表》后，戴季陶极度不满。为此，戴在某次有关的会议上当众下跪，涕泗横流，为汉字请命，坚称简体字定将毁灭中华文化。正是因为有这国民党大佬的"跪地泣拜"之举，国民政府教育部奉行政院命令，训令"简体字应暂缓推行"。《第一

图28　国统区里的人们所用的简体字"反内战"与杂志中的繁体字"戰鬥"。

批简体字表》被收回废止。

至此,当时的国民政府放弃了简体字的推行。

但文字的改革,并没因此而中断,包括简化汉字,在蒋介石的心中也没有完全放弃。这是后话,我们将在本书第二部分里再次提起。

1997年,一位叫村田雄二郎的日本学者著文研究了上个世纪30年代有关中国文字改革、汉字简化的历史。他谈到了当时那些支持"简体字表"公布、实施的学者、新闻出版业者等知识分子们,是因为他们认识到了在战时大众启蒙和文化普及方面的重要性,"因此认为文字改革是一个紧迫的课题"。这位日本学者感慨道:"简体字案"最后虽然遭到了挫折,但它是对以一个民族、一个国家、一种语言(国语)为目标的清末、民国国语运动的一个总结,是语言改革过程中的一个里程碑。

这篇发表在日本《中国研究》1997年4月号上的文章最后说:"后来,简化字体的尝试从国民政府转到了共产党解放区。新中国成立后的50年代,终于结出了'汉字简化方案''异体字整理表'的果实。"

——这应该是一种比较中肯的评述。

当然,在当时的国民政府下,文字改革与汉字的简化工作也并没有因此而停滞不前。1936年10月,容庚《简体字典》出版,收字4445个,多本自草书。同年11月,陈光尧《常用简字表》出版,收字3150个,约一半来自草书,一半来自俗体。

1937年,北平研究所字体研究会发表《简体字表》第一表,收字1700个。而简化字的最后获得大推广并取得丰硕的成果,那是新中国成立后的事了。由此可见,简体字是我们几代前人辛勤研究、探索、抗争的结果,不是拍脑门的冲动之举。反倒是轻言恢复繁体字的人们,是不是更有些戴季陶先生的遗风？只是而今不用"涕泗横流"，更无需"跪地泣拜"了。

六 毛泽东收到吴玉章的信后

前文说到，国民政府停止汉字简化工作后，"简化汉字字体的尝试从国民政府转到了共产党解放区"，这话一点儿也不过。

在中国西北那草木稀少的贫瘠土地上，延安军民以其自然的方式，接过了汉字简化工作的接力棒。信天游是那里的山民们最喜爱的歌咏活动，而新入驻这儿的军队与进步学生们，他们对汉文字的简化，做了很多的工作。他们对简化汉字收集与整理的兴趣，不下于当地民众对信天游的热情。

图29出自《延安文艺丛书·美术卷》（湖南文艺出版社，1987年版），图中的"环画"两个字全是简体字。该丛书中还有一幅作品，闹秧歌的人们手中举的灯牌"保卫边区，丰衣足食"全是简体字，另一个牌上的"共产党万万岁"也几乎全都是简体字。

实际上，这些字不是由延安的谁去创造的，而是老百姓手头一直用着的字，写起来方便，读起来容易，大家就自

图29 延安时期的油印连环画封面。

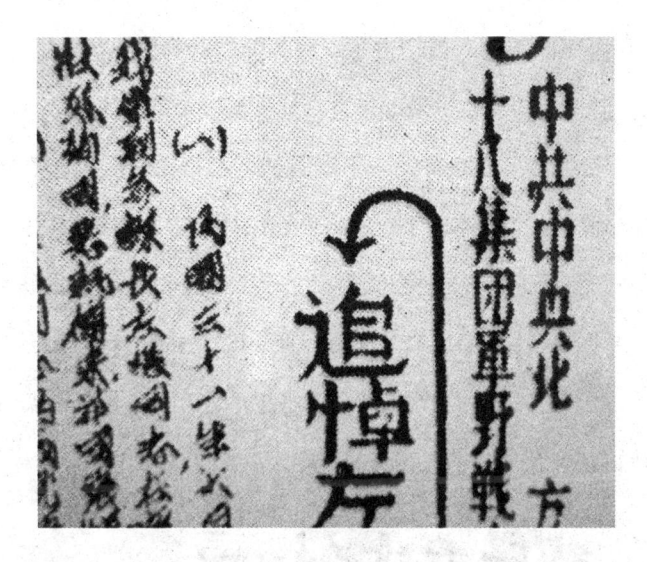

图30 左权将军在抗日战争中牺牲，太行革命根据地的油印报刊上，将"团"字简写。

然而然地用上了。而延安的领导人，也主张使用简体字，认为这样便于让更多的民众识读汉字，掌握知识。

有关毛泽东领导的延安，有关他主持下的汉字改革运动，我们还可以说得更早一点。

在新民主主义革命时期，毛泽东就曾说过："中国历来只是地主有文化，农民没有文化……农村里地主势力一倒，农民的文化运动便开始了。"（毛泽东：《湖南农民运动考察报告》，《毛泽东选集》第一卷，人民出版社，1991年，39页）农民的文化运动当然就包括了受教育权利的争取。从半殖民地半封建社会过来的广大农民，祖祖辈辈被剥夺了受教育的权利，当

图31 毛泽东"为消灭文盲而斗争"的题词。

时社会，目不识丁的人数超过了农村人口的80%以上。这就是毛泽东紧盯着的一个基本数据，也是他一直牵挂着的一个基本人群。

"如果绝大部分的农民一不能看通俗书报，二不会记普通的账目，三不会写简单的便条和信件，怎么去建设社会主义的新农村！""我们连个简单账目都闹不清，怎么搞复杂的生产规划，又怎么去研究新的技术。"（南辛：《大家来扫盲》，中国青年出版社，1956年，第4页）这就是个迫切的问题。要提高广大农民的文化水平的愿望，必须从改变不识字的状况开始。

图32 抗战根据地的《敌后方木刻》报，大都用群众看得懂的简体字。

毛泽东出生于农民之家，他的心里总是装着最广大的工农群众。当中华人民共和国成立后，理所当然地，他认为革命胜利了，其成果必须惠及几亿农工，那就是让农工们获得学习文化的权利。更简单地说，让他们从认得一些文字开始，到能写自己的名字，能记工、记账。

早在1939年4月,他在为延安《新中华报》题词时(见图31),就强调要"为消灭文盲而斗争"。所以,他对于延安解放区里使用的简体字,是能用则用,极力支持的。在到达延安后,他的题字签名"毛泽东"三字就慢慢地有了变化,先是泽东二字为繁体的,后来"东"字,再后来"泽"都使用了群众能看得懂、都在使用着的简体字:

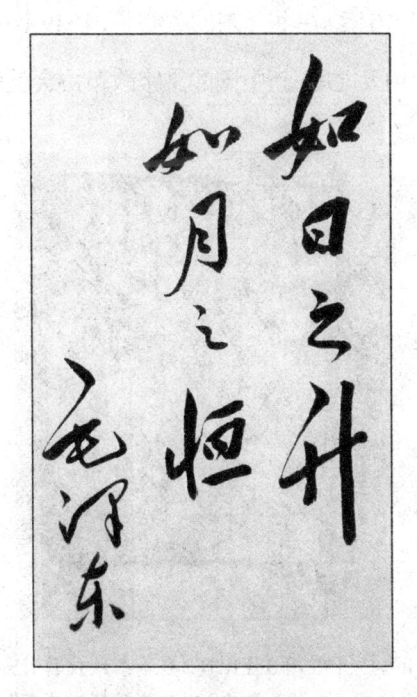

图33　毛泽东1950年9月19日的题词及其签名。
(这里的"升"以及毛泽东的签名,全是使用的简体字)

1949年8月,毛泽东收到了一封信,是由吴玉章写来的。吴玉章当时是华北大学校长,也是中国文字改革最坚决的倡导者和实践者。吴玉章致信毛泽东,谈了三个方面的问题,其中之三是为了有效地扫除文盲,需要迅速进行文字改革,"整理各种汉字和简体字,作为通俗读本之用",

让国内尽可能多的文盲能识读一些汉字。吴玉章的建议，自然与毛泽东的心思相合，毛泽东觉得为中国革命的胜利付出了极大代价的"大元勋"们至少要能写出自己的名字，记下自己的钱财账目。革命胜利了怎能倒把农工兄弟给扔下了？

对吴的来信，毛泽东极为重视，当即把信批转给郭沫若、茅盾等人研究，限期务必拿出方案。在毛泽东的关心下，1949年10月10日，也就是新中国成立短短的10天之后，新中国的文字改革协会就成立了。

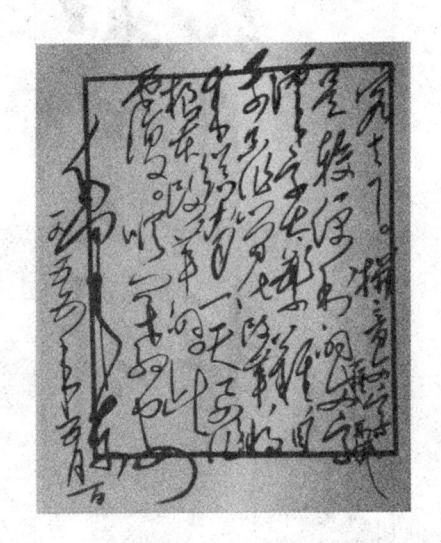

图34　1955年5月18日，毛泽东致信蒋竹如，谈到"汉字太繁难，目前只作简化改革"。

成立了的这个协会，立即开展了工作。在接下来的日子里，中国进行了一场全民性的扫除文盲运动。

扫盲，首先要从识字开始。要教会农民用文字进行交流，以解决生产和生活上的诸多不便，所以"识字运动"就成了扫盲教育的第一步。1949年12月23日-31日，中央人民政府教育部在北京召开了第一次全国教育工作会议。会议确定了教育必须为国家建设服务,学校必须为工农大众开门的方针。会议明确提出:"要作必要的准备,以便在全国范围里进行识字教育、扫除文盲的伟大工作。"当时的教育部副部长钱俊瑞在会议总结报告中说:"我们必须努力创设这个条件,以便工农大众能够掌握文化科学,作为斗争与建设的武器。"当时的会议提出,"在全国的各个地区,应该着手准备识字教育的教材和组织群众中的师资,争取从1951年开始,进行全国规模的识字运动。"(见刘立德等:《新中国扫盲教育史纲》,安徽教育出版社,2006年,21页)

1950年9月,教育部和全国总工会就联合召开了第一次工农教育会议。会议指出:"推行识字教育,逐步减少文盲。"为了鼓励和推动学习,毛泽东在会议期间的27日接见了与会的全体代表,并与当时特有的"劳模"——学习劳模亲切握手、合影。

1950年5月,中直机关就办起了文化补习学校,让战士干部从中多学一些文化。尔后,毛泽东还在自己的院子里办起了业余学校,这是一所特殊的学校,是毛泽东自己掏钱办的。业余学校的学习,从识字开始。毛泽东说:"没有文化,没有知识,教育不普及,文化不提高,国家就富强不起来。"(李银桥:《毛泽东身边十五年》,河北人民出版社,1991年,200页)

毛泽东身边的卫士,都是农村贫苦出身的孩子们,他们一直随卫在毛泽东身边,很少有机会读书。毛泽东便从教他们识字开始。一次封耀松的识字本上被老师打了个5分,封耀松很高兴,拿给毛泽东看。毛泽东认真地看了,很快就发现了问题。原来那天识读的是白居易的《卖炭翁》,毛泽东用手指甲在其中一行的下边划了一下,问:"这句怎么念?"封说:"'心忧炭贱愿天寒'啊。"毛泽东笑着问:"你写的是'忱'吗?哪里伸出

图35 毛泽东在中南海为战士们补习文化(吕厚民摄)。

一只手来?你写的是扰。怪不得炭贱卖不出价钱,有你扰么。"毛泽东认真地检查着作业,又指着另一行问:"这句怎么念?"封耀松念道:"晓驾炭车辗冰辙。"毛泽东说:"这是'辙'吗?到处插手,炭还没有卖,就大撤退,逃跑主义。应该是辙,而你的这个是'撤退'的'撤'。"毛泽东笑着说:"看来是虚有5分啊!"(出处同上)

由这一段故事中所提到的4个字"忧""扰"与"辙""撤"来看,都是简化了的汉字。毛泽东都是掌握了的。正是因为他的认真,这才能给战士一一指出。足见毛泽东对识字的重视,也可以看出毛泽东对简化字的认真和推崇。

为了尽快地提高识字水平,军队走在了最前面。

1951年,中国人民解放军西南军区文化教员祁建华创造了"速成识字法"。这是一种借助注音字母的辅助作用,利用汉字字形、字义、字音

图36　解放军不仅要教战士识字，
还要教少数民族青壮年识字（詹健、宋进功摄）。

相同与相异的不同特点，来提高识字速度的方法。这个方法很快得到推广，并风行全国，惠及数以亿计的工农兵大众。

毛泽东对军队中的识字法的推广也是很赞赏的。但是，他希望看到有更多的农民有知识、有文化，他希望他们能多认几个字。为此，他要求全国的各文化机构，多出版一些让农民买得起的识字课本，用最好的方法督促他们在识字方面有进步。

七 奶奶的笑脸与丰子恺"写字漫画"中的苦乐表情

奶奶的笑脸，什么时候都有。记得看过一幅上世纪50年代的剪纸作品，一个坐在窗前的老奶奶，正笑着翻看识字课本。老奶奶的旁边有鸟儿在飞,有花儿在唱,那大概都是庆祝老奶奶能识字了的快乐。那场景一直感动了笔者几十年。但现在真要找出来,翻箱倒柜,没有找到那一张。倒在网上发现了一本那个时候学文化的书的封面图:

有时在庄 zhuāng jiɑ 稼地里学习。

帮助妈妈学文化

图37 "帮助妈妈学文化"与小学课本中的"秘密学文化"故事,很有意思。

没找到奶奶的,只找到了"妈妈"的,虽然有些遗憾,但这不要紧,因为记录当年识字情景的,不但有剪纸,有漫画,还有着大量的实景图片。

我们看下面的几张老照片,就可以知道那个时候的识读汉字是多么大的一场群众运动了。

这是上个世纪50年代初有关识字的老照片。

在山东的许多地方,"识字班"是对姑娘的饶有趣味的称呼。这一称呼与一段特殊的历史文化时期有关。在中国漫长的封建落后时期,广大民众尤其是农村大众的文化水平十分低下,农村妇女更是受害的重点。因而,解放初期在全国掀起了广泛的扫盲运动,组织群众学习文化,成立了各种"识字班",通常按年龄和性别分班。由于女青年班坚持得最好,

图38 李招娣在教村民识字（徐永辉摄）。

成绩也最突出，所以就形象地称女青年为"识字班"。山东平邑县杨家庄72岁的杨大娘成了"识字班"的班长，带领着全村女青年学习文化，认读汉字，一时成为新闻人物。同乡新庄村一位叫廉秀香的"识字教师"，过去不识字，但在扫盲运动中学习两年后，竟成了引领他人识字的模范与教师。浙江省龙泉县农南乡安和村的李招娣（图38）因为扫盲成绩突出，还在北京人民大会堂受到过朱德总司令和周恩来总理的接见与亲切问候。

当时的农民们（文盲）识字有多艰难，今天的人们无法想象。我们这里看一下至今尚在的海南石山镇李氏大院的识字图画，就可知一二了。

通过在墙上画图去识字，让农民兄弟把这些基本的字都记住，以利于他们的生活。这个至今尚在的识字墙所画的和比况的字，都是最简单的，通过这些图，把这字形记住，可见当时的新政权对于农民兄弟的识字教育下了多大的工夫（而现在诋毁当时的扫盲运动，认为共产党推广简

图39　农民识字墙：房屋

图40　农民识字墙：高与低

图41　农民识字墙：长与短

图42　农民识字墙：青菜

化字是在割断中华文化，持这样的言论和观点的人，不知看了这样的识字墙有何感想）。所以，这些图画所表现的字，都是最简单的那种。而对于画一只鸡，却要让他们记下"鷄"（繁体的）的字样，就有些难了。繁体的"鷄"字有21画，这还算不多，画一头驴子可能不比写一个"驢"字更难，因为这个字居然有25笔之多。因此，日常生活中的一些字，如鷄、鴨、貓、龜、鹽、藥、湯、飯等字，写起来就显得特别的繁难。

怎么样教他们都能认读，并且能书写这些与他们生活密切相关的一些文字和语词呢？这个问题尖锐地摆在新政府面前。

唯一的办法，就是组建班子，尽可能地收集民间已经简化了的汉字，在经过认真整理后，加以推广，迅速推广。

如何让这些字省减笔画，易于识读呢？这就自然而然成了当时的政府和语言文字专家所需要考虑的重大问题。正是在这样的民情、国情下，中央人民政府教育部社会教育司于1950年编制了《常用简体字登记表》，经过征求意见后，于1951后，拟出了《第一批简体字表》，收录常用简体字555个，拟推行试用。1952年2月5日，中国文字改革研究委员会成立，在《第一批简体字表》的基础上，经过多次讨论和认真修改，于1954年底拟订出《汉字简化方案（草案）》。中国文字改革委员会成立后，立即召开第一次全体会议讨论并通过了这个方案，于1955年的2月2日，在中央一级的报刊上将草案全文发表。

图43　《农民识字课本》第一册封面。

从1949年新中国成立一直到这个方案于中央级报刊上公开发表，这段时间里，中国的民间并没有停止对于汉字简体字的自觉收集、整理和使用。可以说，不少字的简化是一种来自群众的自发和政府的自觉。当《汉字简化方案（草案）》正式公布后，民间对于这个方案所发表和推崇的简体字是高度认同的，因为它解决了部分汉字书写、识读繁难的问题，使得老百姓认字、读书成为一种可能。

不识字不行啊，农民们不识字，在很多时候是处在一种完全无助的状态下的，他们只能听任识字人的摆布。有这样的一个故事，今天读来觉

图44 1955年全国文改会上与会代表一致通过大会决议。

得有些好笑,但它确是实实在在地发生过的:

解放初期,我国文盲占全国人口的80%。曾经有这样一个真实的故事,1949年初秋,一封密信送到黑龙江省宁安县一位村长手上。可是,村长不识字。他只好找全村唯一一名认字的"秀才"看信。谁知,"秀才"看完信当天夜里就逃跑了。原来,这是一封"追凶密信",信中让村长监控的疑犯就是"秀才"本人。(出自李梵:《汉字的故事》,陕西师范大学出版社,2009年)

……

解放之初,即便是出于"防敌破坏"的需要,人们也该识字。这是新政权执政后面临的最需落实的任务。"识字一千",就成了当时的一个硬性的指标。

在这样的政策推动下,当时的社会风气那真是一片喜气洋洋,到处都是农民夜校,田间地头都在互相帮助认字读书。笔者的母亲就是那个时候能写自己的名字,并学会了记工、记账,读书看报的。

历朝历代的史录,估计没有一个政权像共产党执政后如此这般的重视民众的扫盲教育的。当时的社会荣誉一项里就有"识字模范"的光荣称号,一时之间960万平方公里的土地上,识字成了一种风尚。据1953年9月15日出版的《写作与通讯》中《去湘西、湘南调查后的几点体会》记载,刚解放时,农民的文化程度普遍很低,"如沅陵县荔溪乡,全乡识字的只有107人,占全乡人口(1366人)的8.1%,其中能读通俗书报的只有60人,占全乡总人口的4.5%。他们大多是读的老书。"(《新湖南第一家出版社》,湖南人民出版社,2000年,178页)

《汉字简化方案》公布后,无论读书识字的幼童,还是在农田里干活的大妈大嫂,都高兴得很。当然最高兴的要数新入学的小学生了。那时候,小学生们入学的第一堂语文课是"開學了"。课文在内容上贴近孩子们的生活,很容易理解。但是要教会他们"開學"这两个字的写法,却要

图45　1957年出版的《文字改革》专刊。

下一番工夫。黄加佳在他的文章《新中国汉字简化过程详揭密》中记了一个细节,说,现年已经八十多岁了的语文老师杨宝霞,那时在北京东直门小学任教,她至今还记得教孩子们写这几个字时的情景。做老师的在黑板上一横一竖地写着"開學了",嘴里还要说着笔顺。孩子们举着小手一笔一画地在空中反复练习。但是,一个"學"字,就有16画之多,这对于一个刚满7岁的孩子来说,实在有些勉为其难。杨宝霞记得,当她告诉孩子们,以后"開學"可以写成"开学"了,因为汉字简化了。孩子们听了,都高兴得蹦了起来。

由于国家推广了简体字,群众掀起了识字读书的热潮。广大的人民群众对于汉字简体字的公布是极其欢迎的。从下面的这幅漫画,是可以感受到当时人们对于简体字的欢迎与喜悦心情的。

从这幅作品中的两种表情,可以看出繁体字与简体字事实上的优劣,也可以看出简体字的推出,是如何地赢得了人民大众的热诚欢迎。

也正是因为有了简体字,民众识读汉字的积极性空前提高。由于有了《汉字简化方案(草案)》的公布和推广,国家修改了对工人、农民识

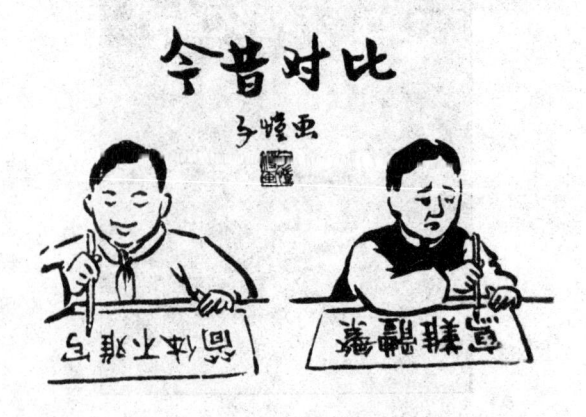

图46 丰子恺"写字漫图"中的苦乐表情。

读汉字的要求。1953年11月24日中央扫除文盲工作委员会下发的《关于扫除文盲标准、毕业考试等暂行办法的通知》规定，干部和工人一般认识2000个常用字，能阅读通俗报刊，能写二三百字的应用短文；农民认识1000个常用字，大体上能阅读最通俗的书报，能写农村中常用的便条、收据等；城市劳动人民能认识1500个常用字。在《汉字简化方案（草案）》公布一年后的1956年3月29日，中共中央、国务院所发布的《关于扫除文盲的决定》中，在规定个人脱盲标准中，有了"指标"的调整："农民大约认识1500个常用字，工人认识大约2000个常用字。"（刘立德等：《新中国扫盲教育史》，安徽教育出版社，2009年，34页）

看得出，这是因为实行了汉字简化的结果。

当时有一个目标，"把常用字的笔画减少到10画以下，会提供许多便利"，胡双宝在《汉字史话》中有一段话："当时有这样的说法：一个字减少一笔，6亿人口就可以少写6亿笔。"（《汉字史话》，首都师范大学出版社，2008年，139页）

图47　当时出版了大量的农民读本，普及知识。

汉字的简化，就是在这样的一种国情下开始的。当我们走过了建国初期那段艰难的日子，当我们的国家富裕了，汉字解决了计算机输入问题后，我们不能对过去的简化初衷和所取得的巨大进步采取虚无的态度，这是一种对历史的起码尊重。

八 "别看那个躺在门板上的字了，恶心！"

《汉字简化方案（草案）》公布以后，各地民众学习简化字的积极性是空前的高。因为这些简化字很多都是历代的异体字、"手头字"和民间流传的俗字收集整理的，因此，对广大的群众来说，有一种亲切感，认读的兴趣也很大。同时也更激发了民众"创造"汉字的积极性。

但是，汉字的改革，汉字简体字的收集与整理，确实应该走实每一步，对于广大人民群众天天使用着的每一个汉字，在对它采取减省笔画的同时，也要从汉字本身的形体、观感出发，不可随意。

应该说，汉字的简化工作，在《汉字简化方案（草案）》（简称"一简"）公布推广的同时，就为第二步的简化预留了空间。当时的文字改革委员会主任吴玉章在《文字必须在一定条件下加以改革》的报告里就说过："这一次的方案并没有包括全部需要简化和可以简化的汉字，而只是其中的一部分……中国的文字改革委员会将继续汉字简化的调查研究工作，经过一年或两年时间将再行提出新的汉字简化表……直到汉字简化工作最后完成为止。"

虽然在此后的"两年"时间里没有能再一次的公布新的简化汉字表，

但是，1961年6月，教育部和文化部以及中国文字改革委员会还发出过征集简化字的通知，要求教育、文化、出版部门征集群众创造的新简化字。

当时在民间确实有着很多新造的字，如老百姓将整理的"整"，就写成"大"字下一个"正"字；又如"农业学大寨"的"寨"字就写成"宀"下一个"在"字（图48）。

这些群众性的"创造"，因为有国家文字改革委员会的要求而获得了关注，并且在后来的简化字方案中得以公布。

后来"文化大革命"爆发，在6年左右的时间段里，中国文字改革的工作几乎中断。但是，专家工作的中断，并没有因此中断群众自发地在文字领域的简化活动。1972年，当时最权威的《红旗》杂志在第4期里发表了郭沫若署名的文章：《怎样看待群众中新流行的简化字？》。文章说："民间对汉字纷纷简化，这正表明汉字必须简化，也正表明文字必须改革。"正是因为有了《红旗》这样权威的舆论支持，这个时候开始恢复文字改革机构的工作，恢复了中国文字改革委员会的名称，并继续进行着相关的工作：收集、整理和编制新的汉字简化字表。在编出初稿以后，也曾在一些地方征求意见。当然，由于当时特定的历史条件和工作环境，这种意见的征集范

图48 《向大寨式地区进军》封面（群众创造的新字，被公开出版物正式使用）。

围和对象，主要是在"革命的工农兵"中进行，没有、也不敢在专家或广大文化工作、教育工作者中征集意见。在"文革"结束一年多一点的时间里，即1977年的12月20日，即正式发表了《第二次汉字简化方案（草案）》（下称"二简"）。

有意思的是，在《人民日报》发表了"二简"方案的第二天，该报即率先使用起该文字第一表的简化字来。这在当时，就是一个明确强制推广的信号。于是，各报也一律取用第一表的简体字排版，本应该很好听取各方反映的"二简"文字，就这样赶着挤着上了道，成了一种"群众性的官方文字"。

"二简"的公布和强力推广使用，一时带来了不适。由于1977年的政治生态还在一种乍暖还寒中，自然没有多少人提出尖锐的意见。但是，随

图49 《人民日报》用"二简"排出来的文章。

着改革开放号角的劲吹，人们解放思想，越来越敢表达自己的意见了。到1978年首次恢复高考的学生进入大学校园，各学科的教师不约而同地在课堂里召开起对于"二简"的"批判会"来，主要表达的是对于"二简"

的严重不适感。

在"二简"中,第一表收集简化字248个,自公布之日起,即要求在出版物上正式使用,以便征求意见。第二表收简化字605个,另有简化偏旁61个。"二简"中除了取用大量的同音替代外,有的字的简化确实让人难以认同。如"然"字,成了"犬"字下加"一"横,"磨"字就是"广"字下加一"石"字。更有意思的是,激烈的"激"字简化成"氵"加个"几"字,而家园的"家"字则成了"宀"头下一个"人"字。这些简化字,确实难以让人有认同感。有的字更是在视觉和情感上难以接受。如"街"字成了"亍"形,"眉"字去了"目"。而展览的"展"字干脆就简化成了"尸"下一个"一"字。1978年,在湖南某高校的一个课堂上,一位女生突然惊叫起来:"太恶心了,太恶心了,这不就是一个尸体躺在门板上吗?!"

也许这就是当时收集到的群众所创造的"展"字的原义。但是,这样的汉字确实不会得到全体使用者的接受。

问题还不止于汉字形体上的,由于一些字的简化多是同音相替,没有顾及到其他如组词方面的变化,因而易于产生误解。如"年龄"、"军龄"的"龄"字,"二简"简化成了"令"字,这样,"军龄"就写成了"军令",这容易使人误解成"军令如山倒"那个"军令"。又如"菜"与姓蔡的"蔡"都简化成"草"字头下一个"才"字,当出现称呼人的"小蔡"与称呼食物的"小菜"时,就闹不清楚了。虽然通过上下语义联想最终可以分出到底称呼人还是物,但加注了不必要的"理解"时间。

正是因为有了太多的反对声音,1978年的3月4日,胡愈之、王力、周有光等23位语言学家和著名人士上书,要求在即将举行的第五届人大和第五届政协会议的主要文件中,不要再使用"二简"方案中的简化汉字。

这23位著名人士的意见,获得了高层的认可,拉开了对于"二简"系统反思的大幕。到1986年6月24日,由国务院正式发出《批转国家语言文字工作委员会〈关于废止第二次汉字简化方案(草案)和纠正社会用字混乱现象的请示〉的通知》。决定自通知下达之日起,停止使用"二简"方案(草案)中的简化字。

自此,"二简"退出了历史舞台。

"二简"从正式公布到废止,前后有9年多的时间,影响很大。在文字的使用上,造成了相当的混乱。为此,国务院下发的通知指出,"今后,对汉字的简化应持谨慎态度,使汉字的形体在一段时间内保持相对稳定,以利于社会应用。当前社会上滥用繁体字,乱造简化字,随便写错别字,这种用字混乱现象,应引起高度重视。国务院责成国家语言文字工作委员会尽快会同有关部门研究、制订各方面用字管理办法,逐步消除社会

图50 "二简"中的很多字在公告前很长的时间里就在使用着,如"建"字(《解放军画报》社)。

用字混乱的不正常现象。"

"二简"虽然废止了，但是，它在社会上所造成的用字混乱现象一时半会儿消除不了。在很长一段时间里，人们将一些字混用，造成识读上的极大麻烦，书写上的混乱与随意。

由此可见，汉字的简化，是一项极其严肃的事。任何不认真，没有经过反复论证而推广的简体字，都将带来使用上的混乱。而那些经过了时间淘洗后发布和推广的简体字，是合乎文字笔画减省原理的，而这样的简体字，是应该坚持的。

"二简"的废除，足可反映大陆在经过"文革"动乱后，是具有反思能力的，也是有勇气正视错误，并改正错误的。"二简"从匆忙推出到废止，证明大陆在文字改革上是走了一段弯路的，这要认真地反思。但是，对文字改革曾经的错误，又不能扩大化。不能因"二简"的问题而否定"一简"的成绩。

文字要改革，但是，改革要循序渐进。

在牵涉到文字的简化问题上，一定要有让广大群众消化吸收的时间。

有关这个问题，澳门《九鼎》杂志的总编辑程祥徽先生有一段话，说得很实在。他说："简化字自古就存在，不是现代人的发明。文字是渐变的，简化字是一个一个（我形容为阴一个阳一个）产生的，积攒到一定的历史时刻加以规范和认可。这是很正常的。"程先生的后面还有话，大意是说，大陆推出简化字为什么受到那么多的批评呢，是因为一次就推出两千多，多了，不利于人们消化吸收，因而容易招致诟病。（《澳门学人谈繁简》，载澳门《九鼎》，2009年第5期，47页）

这就合乎了大多数人的观点,即汉字是需要改革,需要简化的。但是,得保持一个相对稳定的时间。

九 深圳那疙瘩的报纸,咋就像解放前了捏?

中国的改革开放,在经过一段泥泞后,终于不可遏止地走上了高速路。1979年的深圳,开山铺路的炸山巨炮,震得香港都有些发愣。这巨炮的冲击波,冲击内地,越过长江黄河,一路向北、向东、向西……当人们将眼光瞄向南边的这个小渔村,并越过这个渔村瞄向海外的时候,发现了大陆与台湾、香港在经济发展上的距离。这个时候的整个中国,有了失落,也有了追赶。而南方的这个渔村立即成了中国的第一批经济特区中的一个。特区为表现自己的"特",也为了表明自己向港台看齐,当时推出了一份红红绿绿的报纸,叫《深圳特区报》。

这份报纸的创刊,无非是显示当时的深圳学习海外的决心,除了在内容上表现出多是"时间就是金钱"一类的用语外,在形式上更是让当时用惯了简体字的内地民众大吃一惊:用的居然全是繁体字。

当这份报纸有一天传到内地北方的某个文化馆时,文化馆长将报纸甩在地上:什么玩意儿,深圳那疙瘩的报纸,咋就像解放前的了捏?

这是一种新的不适。这种不适不同于人们对于"二简"字形体上观感的不适,更多地表现出对于"复辟"(当时习惯用语)的一种深层反感。毕竟,这是报纸。我们的报纸是办给谁看的?深圳要吸引海外资本,可以理解,但是你的报纸不是给大陆人看的吗?要么,你是迎合谁的所需呢?

图51　早年《深圳特区报》的繁体报样。

　　这一份流入内地不多的报纸,给用惯了简体字的十亿人一个震撼,是不是我们改革开放就要以牺牲汉字简化字为前提呢?

　　如果说,《深圳特区报》的这种对于汉字简体字的使用多少还有改革开放初期的混沌与慌乱的话,14年后的海南,一份叫《现代青年》的新创刊的杂志,更是让海内外华人对于他们的所谓"创新"有了新的认识,一个刊物用摒弃法定使用的文字的方式为噱头,除了浅薄无知,不能有另外的解释。

　　以至于当时除了国内的民众嘲弄其愚,称其"现代青年繁化了"外,海外如新加坡学者则批评道:"一本以中国国内青年为对象的《现代青年》,封面、扉页及广告一律弃简就繁。人们不禁要问:简化字什么时候废弃了?"这位姓韩的文化学者还尖锐地批评道:大陆的繁体字回潮,是改革中的保守,是开放中的倒退,是开历史倒车。由此,他大声地呼吁:"中国内地的朋友,拿出一点自信心来!"(引自李梵:《汉字的故事》,陕西

师范大学出版社，2009年，136页）

　　这份杂志是1992年创刊的，由那个时候到今天，历史又走过了十六七年，这个时候的中国，已经不是改革开放之初的中国了，她的经济总量，她的国际影响力，已经不是昨天可比的了。说中国的实力已经对世界构成了威胁，这是别人在打压捧杀和挤兑我们。但我们从内部来看，从中国纵向的发展来看，说进入了历史发展的最好时期，应该是不为过的。

　　盛世中国，应该是充满自信与自豪的。

　　盛世中国，在"汉语走向世界"，并在全球建立了300多家"孔子学院"，以简体汉字作为教学用字的今天，汉字的生存环境应是最好的历史时刻。

　　但就是在这样的一种国际语境里，有一种声音在叽叽地说着什么，似乎是对汉字改革极度不满，似乎是繁体的汉字更能表示中华文化的传承。

　　这种声音究竟来自何方？是对于繁体字的深切热爱，还是对于简体

图52　全球孔子学院分布图。

字的高度不适？据教育部语言文字应用研究所的《舆情与动态》搜索的情况看，大体上有这么一些声音：一部分是内地人士对于简体字和繁体字有着不同的看法；一种是台湾、香港等地学者的不同声音；再一种是纯属对于共产党领导下的大陆一切都持否定态度的异样论调。

在这里，我们不妨一并听听，毕竟是关乎我们共同使用的汉字的，多听一点，总有好处。况且大家都坚信，事情有争论不要紧，只要有利于祖国的文字改革，有利于中华优秀文化的有效传承，讨论甚至争论都是正常的。

有一位博主在他的博文中写道："简化字违反了汉字演变的规律"，他认为"汉字是一种由简而繁的特殊文字"。这位博主说：在中国的历史上，并不存在所谓"汉字简化的趋势"，就如同中国没有经历过先奴隶制、后封建制的过程一样。这些都是迷信历史唯物主义的人凭空幻想出来的。

还有的人认为，简化字存在的基础已消失，这主要表现在：1. 拼音化被否，简化字作为过渡性文字其基础已经不存在；2. 文字的改革不能以扫盲作为基点。

显然，这一说法是针对新中国成立后所做的文字改革工作说事的。是一位王姓先生的观点。他说，根据专家考察研究，第一次推广简化字的时候，简化字对扫盲和小学生初识汉字有特别的效用，但我们的文字的改革和发展不能以文盲作为基点，我们的思维也不能以小学生的思维作为终点。中国教育发展到今天，我们的任务已不是以扫盲为己任。

……

上面的这些观点，基本上是否定汉字改革的。因为汉字改革最初确立的目标,就是要扫除文盲。而要扫除文盲,当时只有两条路可走,一是简化汉字,使汉字的繁难笔画减少,便于识读;二是用拼音的方式,便于注音,也是帮助更多的人识读汉字。

在持简体字应该废除的观点中,认为当今的科学技术进步了,使用电脑便可解决书写难的问题了,因而繁体字难写的问题不再存在。不再存在繁体字的难写问题,也就不再存在简体的方便一说了。

当然,如果繁体字难写的问题不存在了,简体字容易书写的优势或许就真的不存在了。

"繁体字书写繁难的问题解决了",到底这是个真命题,还是个伪命题,我们现在不展开。我们继续听听还有哪些拥护繁体字和批评简体字的意见。

接下来,将要听到的,可能就要涉及所谓简体字的原罪了。

有人认为,汉字的简化,留下了很多的"遗患",其主要的几条"罪状"是:1.割断了文化传承,理由是:今天大陆人中,认识未简化的汉字,能读中文书的人,凤毛麟角。2.简化字破坏了书法艺术。3.用简化字阅读典籍容易造成混乱。4.简化字不利于两岸统一。

这事情说得有些玄乎。为了让其"说理"更充分,就上述这第四点,我们不妨详细引用其观点:

王干先生是人民文学出版社《中华文学选刊》执行主编,他的文章有一定的代表性。他在文章中写道:"(恢复繁体字)有利于海峡两岸的统一,有利于中华民族文化的纯洁。台湾、海外华人(新加坡和马来西亚除外)至今使用的是非简化字,香港、澳门回归后也没有使用简化字,我们人民文学出版社的老社长屠岸先生至今和海外通信,仍用繁体字。在美国,则流行着两套汉语教学方式,大陆移民把孩子送进简体字班,台港移民则选择繁体字班,部分中文学校为招徕学生,索性开设了两种文体班。屠岸先生从小学的是繁体字,所以和海外沟通没问题。但若再过数年,比如我等,就不能熟练地使用繁体字,和海外华人交流,或许还要翻译呢!"

有文化学者认为,简化字破坏了汉字的科学体系。认为简化字虽然减少了一些笔画,可以方便文化程度低的人,但却牺牲了汉字系统的机理。还有学者认为,汉字由"繁体"到"简体"破坏了汉字原有系统的逻辑体系,大部分的简化字都与汉字的传统背离,而简化字本身又没能建立起自身的体系。所以说,简化字的推行并没能取得任何语言学意义上的突破,它并不比繁体字方便到哪儿去,反而使汉字变得有点儿四不像。

这样的言论在网上有不少。综合概括,也就是如上和如下的一些说法——

"简化破坏了表音功能"、"同音假借引起混乱"、"简化偏旁部首破坏了字源"、"部件符号化使汉字不伦不类"、"简化割裂了汉字字形系统"……

总之,简化字基本无"是"处。

为此,有的人主张"恢复繁体字",并想出了具体的措施、方法。一位先生在重要的会议上提出,"用10年时间恢复使用繁体字"。有的甚至主张要"就'恢复繁体字'进行公投"。

——这"公投案"是上海文化学者朱先生提出来的:"应当举行公共投票以决定是否恢复繁体字。"(朱大可博客·栅栏后的絮语:《文化复苏,当从汉字起步》)

还有一种很"愤"的观点,因为用语多有激烈之词,本处不引。对于这样激烈的言论,此处也不想置评。但我在后面的文字里,会回应到这样的话题。

就在这个时候,一本全面否定简化字的专著面世了。书名是《汉字简化得不偿失》,其作者是旅德学人彭小明先生。该书由香港夏菲尔国际出版公司于2008年出版。大致内容没有超乎上面所列各种观点。无非也就是"汉字电脑输入成功以后,简繁两体的任何输入方法都与汉字笔画的数量没有关系,所谓简化字易写的好处荡然无存。"

至于对简化字的政治诘难,也多有其人。主要观点是:1. 简化字运动是政治喧嚣,是急功近利年代的畸形产物;2. 大陆简体是来自自卑与仇

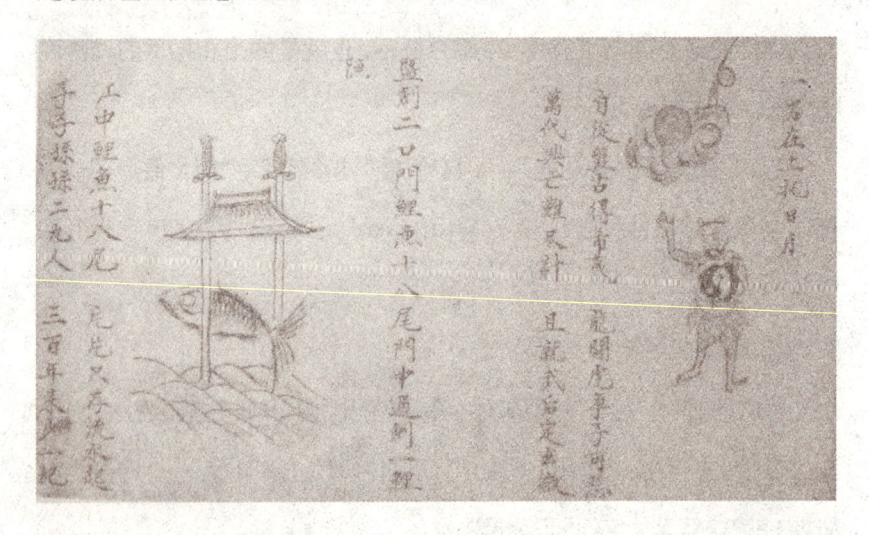

图53 谶语之学·太极与符咒。

恨;3.简化字是政治怪胎;4.简化字来自政治高压,是"高压的结果"。

更有一种邪乎的说法,认为"简化字"一路简化,竟成"谶语"。

持这个说法的还是上海的那位文化学者。他说:简体字也意外地暴露出某种社会预言的特异功能。"陸"的叠土形被改为"击"而成"陆",恰好象征着多年来人们互相攻击的阶级斗争怪象;"爱"字惨遭剜"心"之痛,成了社会日益"爱而无心"的深刻谶语。这种状况在消费时代并未获得改善,反而变本加厉起来。简体汉字犹如精密的寓言,预见了社会道德状态的剧变。

......

这就是文字,就是我们的汉字,就是我们的汉字在集中民智作了简化后所受到的非议。

本章的开篇就是一个字:"字"。那么,我们看到一种文字在适合绝大多数人的需求作了简化的改革后,被涂抹了这么多的恶色,它还是我们曾经使用过的"字"吗?

或者,我们还在把这种符号当"字"吗?

问题到底有多严重?

我们接着往下看……

第二部分

惊

"惊",形声字。它的繁体写法,是在表声的"敬"字之下一个"馬"字。看得出,这是古代农耕社会的一个生活缩影:惊的是马,或是马易于惊。在简体字里,惊的表音是"京",而形则是"心",这似乎更能传导"惊"的语义。毕竟,惊心动魄、惊天动地、惊惶失措、惊醒、惊叹、惊险、惊奇、惊慌,都是与"心"有关的。

这一段话,是笔者在二十多年前在《汉字趣谈》一书中对"惊"字的解释,今天看来,似乎就是为本书的第二部分专门撰写的。有关汉字繁简的论争,以及这种论争中所含的是是非非,用一个"惊"字来表达,比较准确和传神。

曾经有过这么一首歌,好像是《龙的传人》,其主调渲染的是"百年前宁静的一个夜,巨变前夕的深夜里……"这歌词,这旋律,怎么听着都有几分痛楚与沧桑。那么,有关汉字的繁简之争,怎么也整出了这样的情调了呢?似乎是突然爆发了,中国的文字领域里,再也没有了那种曾经的宁静。这到底是主流,还是折腾?中国的汉字改革,将要走上什么样的道路呢?难道还会回复到繁难的从前?回复到几亿人不知如何认读的昨日?

正如本书第一部分所述,汉字改革的系统尝试,从太平天国就开始了,而到上一个世纪之交前后,争论确实是激烈的。但真正到一级政府的议事程序下,1930年的国民政府,算是动了真格的。用"风雨飘摇"形容当时的政局,不算很过。但是,蒋介石政府还是在汉字简化方面,做了一些实事,并且推动了汉字的简化运动。比如国民政府教育部公布了《第一批简体字表》,该表收集了简体字324个。虽然教育部同时又附了"述而不作"、"择社会上比较通行之简体字,最先采用"、"原字笔画简者,不再求简"的三个附加"原则",但这不能说不是一种积极精神。以蒋介石当时的软笔签字情况看,他对简体字的书写也不是没有心得的。以至于到了1953年,他还念念不忘繁体字的省改,认为这种复杂难写的汉字,让大多数士兵成了文盲。

也就在蒋介石慨叹汉字繁难的同时,大陆这边的毛泽东主席在汉语言的改革,特别是汉字的简化上,稳步地向前探索着,终于在几年后推出了《汉字简化方案(草案)》,其简化字成为大陆几亿到十几亿民众几十年里一直使用着的文字……

这个结果,就文字改革方面而言,到底是共产党政权接过了国民政府文字改革的传递棒,还是国民党退居台湾后,放弃了汉字简化的努力?并且在此后与共产党的对峙中,走了一条"有你无我"的不归路?

探讨这个问题没有引申的必要。

只是,怎么今天大陆的简化字它就突然变得有些"青面獠牙"了呢?这中间还有什么其他的原因吗?未必两岸还要固守着某个陈旧的理念,坚持认为对岸反对的我就拥护,对岸拥护的我就反对?

如果说,汉文字是一颗太阳,那我们就是沐浴在这太阳光辉下的同族子民。我们有智慧应对这个问题。

图54 "惊"由中国启功书韵会馆主持怀远先生书写。

也许，我们在面临着一种低智商的考验！

一、海峡两岸，以新奇的眼光打量着对方

两岸三地或者说四地八方，有关汉字的繁简问题，要说问题有多么严重，笔者不是个悲观论者。之所以有如此的判断，可能与笔者所见识的一段历史有关。

1987年，海峡两岸第一次向对方打开了探亲的大门，潮涌一般，岛上与大陆有些关联的人都来了。他们携着大大小小的包，带着轻轻重重的礼，说着绵绵软软的话，他们就是走亲戚来了。这是疏离了近40年的亲戚，彼岸与此岸的人们没有什么两样，说的话能懂，写的字能认，都是油锅炒菜，都是筷子扒饭。那红彤彤的辣子呵，吃得一个个满脸喜色。谈笑间，邓丽君是彼此都十分喜爱的甜歌手……

紧接着，台湾的投资人来了，台湾的制造商来了，台湾的一流的、二流的，甚至三流的歌手都来了。与早先一步到来的香港的、澳门的，还有那不同习惯、操着不同语音、大家都听不懂对方说了些什么的海外侨民、侨商都来了。

实在地说，这些来自四面八方的人们聚在一起，对起话来，真有些为难。但是，他们之间的交流有一个最有力的武器，那就是文字——方正端庄的汉文字。

在任何情况下，大家首先是讲普通话，普通话因发音不同而有个别误听时，便取来一纸，写个汉字便行了。

多少年来，一直如是。

没有听谁说过，两岸三地或者四地八方，连对方所写的汉字都不认识了。

据商务部门统计，从1987年大陆开放台资入陆，先后在陆投资的台商有数十万之众，他们产品上的说明文字，即使是大陆的打工仔也没有因为认读方面的原因而误了生意；大陆大街小巷里无处不在的简体汉字，也没有让那些来去匆匆的使用繁体字的台湾人士街头迷路、出入犯难。在广东的东莞，几位游戏产品供应商见面后，总要说一段新旧见闻，其中一位姓白的游戏开发商更乐于自己游走在汉字繁简中间得益：原以为我们的产品只适合于台湾和港岛，现在看来，大陆对于台湾的繁体字游戏产品根本就没有陌生感，一玩就通，没有任何障碍。原来计划投资的简体字版这笔开支就算是省下了，改成酒杯里的液体，改成游路上的风光了……

白客商一定在两岸之间、繁简字之间的对接方面，有了自己的体会。

但没有人认可他有多大的贡献，因为，在汉字的繁与简之间，没有多

图55　台湾报纸的接报人都是随手用简体字标示的。　　图56　这份《联合报》的"联"字，也是顺手写的简体字。

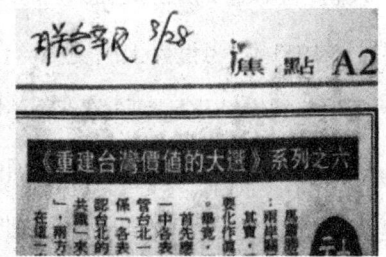

（上两图，出自"加拿大七天报"出版社《台湾纪实》，著作权人：毛丽）

大的识读上的鸿沟，所有在大陆工作和生活着的台湾或者香港民众，谁都不想，也没有理由抱怨大陆的简体字给他们带来过不适。

"而且，这种简体字写起来还真是要比繁体字快得多"，一位在香港手机店工作的瞿姓女士对大陆消费者说。

看得出，她在写"手机"收据时，没有去碰那个16画的繁体"機"字，而是写的简体的"机"。

她当然不会写那个"機"字。"这也太繁难了点吧"，她笑着说。

就在两地百姓的生活历程里，两岸走过了一年又一年，这期间的媒体人穿梭于两岸三地，把各地人们生活的信息互相传递，送着大大小小的礼，道着亲亲疏疏的安。虽然两地官方在政见上有着龃龃龉龉、磕磕碰碰，但从来没有听说过在文字的繁与简上有着特别的摩擦，因为不影响交流，书写方便的简化汉字实在没有理由受到太多的指责。

恰在这一阶段前前后后的时间里，汉文字经历了一场生死存亡的体验。无论是使用繁体字的香港、台湾、澳门还是使用简体字的大陆，汉字已进入到了一种尴尬的境地：不能数字化处理所带来的烦恼与焦躁，让人们对于汉字的未来足足地捏了一把汗。

1951年，当世界上出现第一台计算机后，西方世界就迅速地进入到了文字的信息化处理阶段。而这个时候的中国两岸三地，都在一种互不信任中进行着各自的建设，中国的汉文字一直徘徊在数字化的门槛之外。到了大陆进入改革开放的初期，由于对外界的情况知之甚少，也不知文字的数字化处理，是件多么需要及时跟进的重大事情。

1979年的一次国际会议上西方的一些专家在了解了中国的文字处理无法进入计算机后，对中国科学家钱伟长有过一席谈话。对方欠礼貌的话语里,透露出对中国文字信息化处理的一种复杂情绪。他说:"汉字将影响你们的现代化。因为今后的计算机是社会的信息机构,是脑袋。而汉字是无法进入计算机的。"这位专家还对中国作了一些预言:"你们的这个文字应该改为拼音文字,只有拼音文字才能救你们。你们的文字进入计算机要靠我们。"(《汉字的性质》,大象出版社,2007年,51页)

应该说,钱伟长所听到的这一段话,不止是来自某一个外国专家,两岸三地的许多人在此后不久的时间里都感受到了扑面而来的"第三次浪潮"数字化的冲击。很多人都为汉字的未来发愁,不管是身在何处、住在何地,使用着繁体或是简体的中国人,都在问自己:难道中国的文字真会在这一波的信息大潮中被淘汰出局,真的只有拼音文字独步全球?如果真是这样,汉字不是就被灭亡了吗?

图57 清代的一个印刷作坊。

这个重负压在一些知识分子的心上。

正在两岸三地为此焦虑不安的时候,中国的大陆传来了好消息:河南人氏王永民发明了五笔字型编码方案,并通过比试验证,在世界上首次突破了汉字输入电脑每分钟100字大关!

为此,《英华大字典》主编郑易里先生在鉴定会上激动地宣布:"从今天起,汉字不能像西方文字那样输入电脑的时代已经一去不复返了!"

这一消息,立即传遍了华人居住的每一个角落,包括台湾、香港、澳

图58 王永民的五笔输入法让全球张大了惊异的眼睛，这是早期的输入法教材。

门和新加坡等地。中国大陆的《光明日报》头版头条予以重点报道，新华社连载专文介绍这一发明是中国文化史上"其意义不亚于活字印刷术的发明"；中央电视台播放了专题片《勇攀高峰》。于是，王永民在部分民众心中似乎成了"现代毕昇"了。汉字信息化处理获得重大突破的这一重要消息，也波及大洋彼岸，为此，美国《华侨日报》以"举世称难，今迎刃而解"为题，予以整版报道。

当全美软件展览会上刚刚问世的IBM公司AT个人电脑的屏幕上跳出一串串汉字时，围观者赞许中国软件神奇得不可思议。发明人王永民应邀到联合国总部讲学，操作员将当场随意文稿输入电脑，算一下，平均每分钟120个字，使在场各色人等惊叹不已……

中华民族所有的人，都在为汉字历经这一难关而鼓舞欢欣！因为同样的编码方式，解决了包括繁体字在内的所有汉字信息化处理的大问题。

这个时候，正是大陆和台湾开通双向探亲的前夜。

一旦放开了探亲之门的海峡两岸，都在以新奇的眼光打量着对方，原来，不仅是两岸民众的心是相通的，其实繁简字的信息化处理也是相通的。单个文字虽然笔画数量有异，但同文同源，同义同构，真是哥俩好，同胞亲……

二 张惠妹并没有走丢

曾经，张惠妹是台湾来大陆歌手中最受少年男女欢迎的艺人，她所到之处，有点儿"文革"的味道，一片欢呼。无论西安、成都、上海，个唱完后，她一定要大快朵颐。大陆的菜系，一个个点来，也是轻车熟路，全不迷惑。1999年，张惠妹成功举办了"妹力四射"大型巡回演唱会，其中在北京最大的工人体育场举行的演出，以其空前巨大的制作规模，异常火爆热烈的现场气氛，好得让人发狂的票房销售成绩，创造了港台歌星演唱会史无前例的辉煌纪录。北京的这场演唱会，热情、活力、自然，以及她所具有的良好唱功及优秀的舞台表现力，让8万之众的现场听众为之疯狂。她刷新了华人艺人户外巡回演唱会时间的最长的纪录，三个月

图59 张惠妹的"妹力四射"，在大陆销售也是"魅力"得很。

14场；创全亚洲巡回演唱会观众人数最多的纪录，总人数达42万人次。大陆首度有8万多人聚集听演唱会，居然出动3000多名公安护车，如迎国宾，如临大敌。

就是这样的一个台湾歌手，她在大陆没有一点不方便的感觉。在她接受台湾媒体采访时，她表示过台湾与大陆没有什么不同，同样的歌词，同样的文字，交流无障碍，跑哪儿都不会"丢人"。

是的，不要说张惠妹有那么多人守着护着，即便是她独自上街，还能不认识大陆的简化字？

事实上，台湾与大陆之间，根本就不存在对汉字识读上的多少差异。在海峡两岸，一个用的是繁体字，一个是简体字，但由于在字形方面，同是一脉传承的字根儿，即使有的字的形状略有差异，在识读上也是没多大困难的。如大陆的"禀"字，下面是"示"，而台湾的则作"禾"；又如"邦"，大陆的起笔是一横，而台湾则是一撇。另外，如"凉快"的"凉"，"情况"的"况"，大陆是"冫"，而台湾是"氵"作偏旁的。而三点水作偏旁的这几个汉字，大陆在1955年整理异体字时将之废除了——也就是说，原来本也如此的。就这点儿差异，联系上下文，应该是不影响识读与理解的。

海峡两岸在繁体与简体之间，也不是人们想象的那样壁垒森严，互不相通。其实，彼此之间也是你中有我，我中有你。本来，大陆推行的简体字中，有80%以上就是历朝历代都有过的，只是大陆将之整理后集中推广了。

下面的一组数据很能说明问题：

有学者从《简化字总表》的第一表、第二表中选取388个字头进行溯

图60 台湾地区政党轮替时最后投票夜，繁简体的"臺"字同"台"并用（毛丽摄）。

源研究，得出数据如下：

  始见于先秦的共49字，占12.63%；

  始见于秦汉的共62字，占15.98%；

  始见于魏晋南北朝的共24字，占6.18%；

  始见于隋唐的共31字，占7.99%；

  始见于宋（金）的共29字，占7.47%；

  始见于元朝的共72字，占18.56%；

  始见于明清的共74字，占19.07%；

  始见于民国的共46字，占11.86%；

  始见于中华人民共和国成立后的有1个字，占0.26%。（张书岩、王铁琨等编《简化字溯源》，语文出版社，1997年，第6页）

笔者2009年5月的某天在凤凰北京总部公示这一组数据时，立即获得中国名博团队司马平邦、宋强、汪亚民、饶谨、陈泰然、曹振民、周小白等人的兴趣。他们关心地问："中华人民共和国成立后的那'一个字'是哪个字啊？"笔者回答说："好像就是那个'窗帘'的'帘'字"。这个字是真正属于新中国成立后吸收当代（《汉字简化方案》公布前）群众创造的一个简体字，这个字的繁体作"簾"。

大家都觉得不可思议。难道闹得沸沸扬扬的大陆简化字案，敢情就造了一个字啊？！

也许还真就是这样。

我们现在很熟悉，而又备受一些要求恢复繁体字人攻击的简体字，其实并不全出自新中国后的简化字：

"寿"，是个简体字，台湾作"壽"，但这个字是中华人民共和国给简下来的吗？回答是否定的，因为这个字在公元16年的《孙叔敖碑》中就出现过了。

"将"，也是个简体字，台湾、香港、澳门都作"將"，但它在东汉时期的《北海相景君铭》中就出现过了。同时同铭出现的还有"质"字。

图61 赵孟頫书法的"寿"字。

"属"、"准"两字，看着也觉得简便，以为一定是大陆的简化字。但它出现的时间也很久远了，在汉代的《桐柏庙碑》上就赫然登榜。

"万"，繁体字中作"萬"，这个字也是在西汉时就上了碑石的，我们在《建平郫县碑》中就可以找到它的身影。

至于"个"、"条"、"传"、"伤"、"仆"、"仪"、"刘"、"劲"、"劳"、"劝"、"励"、"独"、"单"、"寿"、"园"、"娄"、"执"、"宾"、"实"、"宝"、"宠"、"庙"、"应"、"庐"、"对"、"夺"、"时"、"书"、"会"、"枣"、"朴"、"权"、"栾"、"爱"、"恼"、"怜"、"怀"、"扫"、"礼"、"点"、"异"、"泪"、"欢"、"无"等等的字，它的发明权甚至整理权根本就不在大陆的《汉字简化方案（草案）》，而是出自1930年刘复、李家瑞撰编的《宋元以来俗字谱》，而蒋中正先生主政的国民政府教育部公布的《第一批简体字表》，在其收集的324个简体字中，就有这些简体。只是大陆1956年将其集中公布罢了！

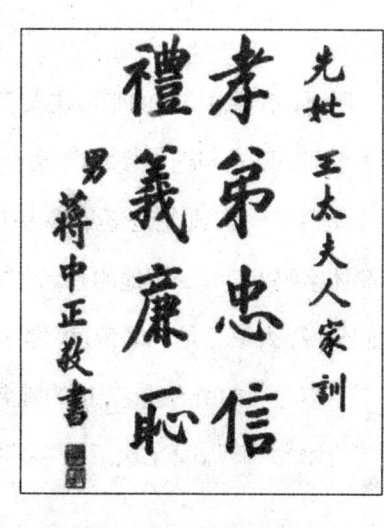

图62 蒋介石的书法作品，"蒋"字笔画减省。

所以，任何夸大大陆使用简体字带来所谓严重后果的说法都是站不住脚的。因为历史事实清楚着哩。这些大陆而今所推广的简化字，实际上很多就是老祖宗用的简体字，也就是历代字书、刊刻文本、书法作品中的"俗字"或曰"手头字"。80%以上都是这一类"古已有之"的传承简体字。"其中源自先秦、两汉的竟占有30%"之多！（国学论坛·董琨语）

那么，有这么多字是两岸一直共用着的，而为数不多的有着差异的字，在字形方面，又有着同一的传承，你说能有多大的交流、沟通之

汉字最近有点儿烦

难呢?

所以,不要说年轻的张惠妹来了大陆不会走丢了,就是"蒋介石"复活了重回大陆走一趟,估计也不会有任何不适感。

我们看一看,即使是蒋介石,在他的题字与签名中,不也是顺手书写着简体字吗?细看一下他的签名,"蒋"实际上就是一个简体字。也许,我们会说,人家这是一笔带过,你才看出了简体字的。但我建议大家去找一下蒋介石的所有签名,他的姓名的"蒋"字,任何一个都是简体的。因为繁体的"蒋",草字头下的"丬"应写成"爿",而蒋介石无一不写成

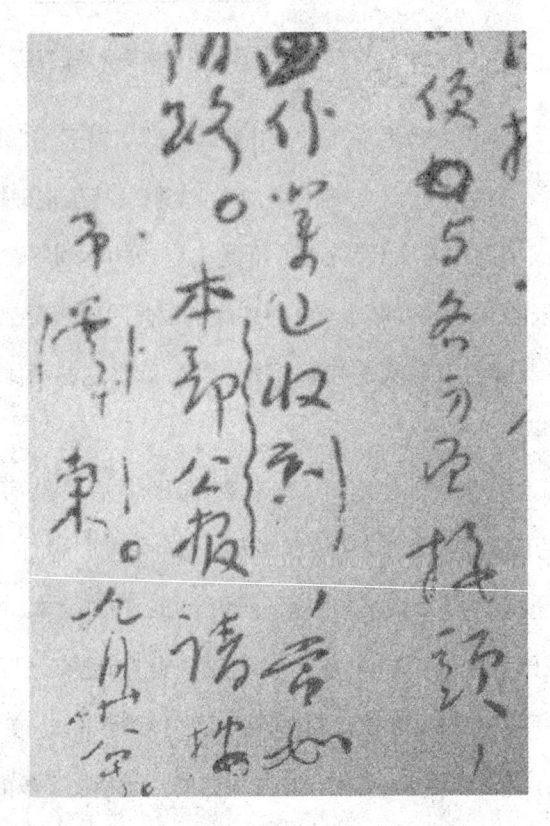

图63 毛泽东1923年的签名"泽東"二字全繁。

"扌"。由此可见人的内心真实：还是简便的好啊！

当然，蒋介石作为"中华民国"的"总统"，他没有一种故意要与在台湾实施的法令相对抗的张扬，也就是方便而已。毛泽东在延安时期，在他的题字墨迹里，也基本上就是以用着方便为原则。应该说，毛的大多书法作品都是用的繁体，但是，正与蒋介石写字图方便一样，在20世纪30年代以后，"毛泽东"的"东"字，就没有再用过8画繁写的"東"，而是用的5画简体的"东"。

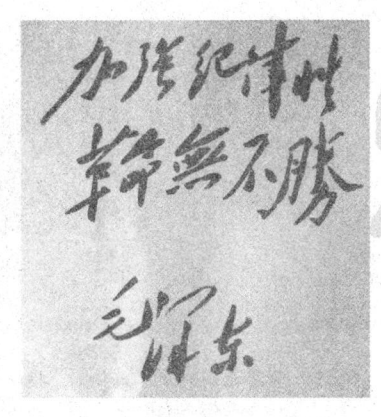

图64　毛泽东1948年提款"泽东"二字全用简体。

其实，在台湾，并不像人们认为的那样，大家全都用繁体字，而是有时候也用简体字的，可以说是繁简并用，繁简并收。这样，两岸之间事实上就并不存在多大的文字交流的隔阂。以台湾的字典收字的情况看，一个字，往往繁简同收，并在字下表明倾向。以台湾的《常用国家标准字体表》中"才"字为例："'才'为正体，'纔'字附见"。并又于说明栏中注明："方才之才或作'纔'"，意思是说，如果有人有时候这么写也是可以的，但是不属于正规写法。

我们以"神仙"的"仙"与"台湾"的"台"为例，在海峡那边，也不一定是坚持用繁的。

事实上，台湾其实也并没有固守繁体字。台湾当局在过去的几十年里，也发起和推广了200多个简化字。出发点两岸都一样，就是想解决汉字过于繁难的问题。至于有些人提出的传统文化之所以在港澳台地区保

图65 台湾旅游地的"三仙台"指路牌（毛丽摄）。

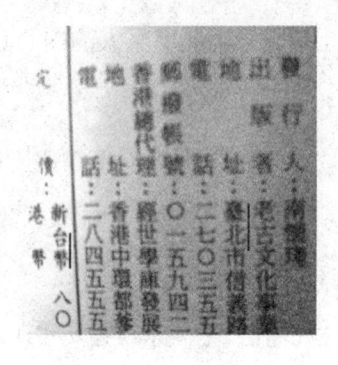

图66 繁简并用的"台"——《菜根谭》版权页。

存得更好,就是因为他们一直使用繁体字的观点,这其实是一种误解。

大陆著名训诂学家、《汉语大词典》主要编写人员之一的金文明先生曾说过一个故事,说自己的哥哥新中国成立前去了台湾,曾经失去联系20多年,后来恢复通信,考虑到台湾使用繁体字,自己专门写"台湾"为"臺灣","哥哥就取笑我,说我搞古文字走火入魔了,说台湾当地早就不这么写了,我还这么拘泥于繁体字。可见港澳台地区也是认同文字从简的。"(见《汉字有必要"废简用繁"吗?》http://lianghui2009.people.com.cn/GB/8940553.html）

由此看来,繁简之争,繁简之用,并没有人们想象的那么复杂,两岸在汉字的使用上,是一个没有多少争议的领域。人们都在相互接纳,互不排斥。如果有谁自己坚持"识繁书简",也不是不可以的事;如果有人坚持识繁书繁,也没有谁认为食古不化;如果海峡两岸互相走动,更没有

图67 汽车牌照上的"台"。

谁嘲笑谁是文盲或是古董。一切都在随缘地使用汉字——我们这个民族大家庭使用了几千年的汉文字！

这就是一种大中华情怀，是一种和解共生的良好心态。2009年6月9日，台湾地区领导人马英九在台北见北美侨界代表时，针对台湾和大陆使用繁体字和简化字问题时建议，可采用"识正书简"方式，希望两岸未来在这方面也能达成协议。对于中华文化，他很自豪。"全球很少有文化能读两三千年前的文字，但中华文化就做得到。"对于马英九的"识正书简"建议，6月10日，国台办发言人范丽青回答记者提问时表示，随着两岸交流和人员往来日益频繁，如何使两岸民众在文字使用上更方便交流，两岸专家学者可以积极探讨，充分论证。范丽青说，关于繁体字、简体字的问题，两岸同胞同文同种，讲的是相同的语言，使用的是相同的文字。繁体字、简体字都是汉字体系文字，都根植于中华文化传统，都是传承、弘扬中华文化的重要载体，所不同的只是大陆对部分文字进行了整理和简化。（载中国新闻网）

可见，海峡两岸在汉字的繁简问题上，本着中华民族的大胸怀大气概，原本也是可以达至共识的。但需要两岸"专家学者"们的"积极探讨"和"充分论证"。

三 宁静的文字世界，谁扔下一个响炮？

三月。北京。春花绽放。

每年的这个时候，天安门广场、人民大会堂的台阶之下，一定准备好了迎接来自四面八方的全国人大代表与政协委员的鲜花。

2008年的春天,南方刚刚经过了一场罕见的大雪灾。那几十年没曾看过的冰凌儿,从屋檐挂到了墙腰。高山之上已没了树,雾气飘过的树梢,很快穿上了冰的铠甲,没有了天没有了地只有一个冰封的世界——整个南方全给冻住了。好在,有全国军民的协力奋战,雪灾很快就变成了一曲团结奋战的颂歌。此后,各地的会议代表们带着自己履政的目标,齐集人民大会堂。来自天南海北的代表见面,那是一次精神的大会聚,彼此招呼,欢声笑语,心情是何等的欢畅啊!

本来是一片宁静,两岸的政治、经济交往,正在向一个好的方向发展着。台湾的政权轮替后,两岸曾有的紧张,也让位于彼此和解的相融中。谁也没有想到,从来就没有成为两岸主要话题的繁体与简体文字,居然就成了这次会议上——场内场外——的一个重磅话题。

按照历次"会议"的要求,各位代表参政议事的提案要在会前汇总。

图68 三月的北京,"两会"期间的首日封也很抢手。

汇总的过程中，就传出话来，成千的提案里边，有个提案居然是与繁简字有关的。这是谁的提案呢？是文化学者的？是文字专家的？都不是。而是一位与之没有太多紧密联系的艺术家的，也就是那位全国电视观众都十分熟悉的湖南辣妹子宋祖英的。当然也不止是她一个人的，是联名了21位艺术家的一个提案。这个案名为《小学增设繁体字教育的提案》据说包括了郁钧剑、黄宏、关牧村等人，全是文艺界的政协委员。据最先报道此事的《南方都市报》的报道，宋委员们的提案基本内容如下：

"建议在小学开始设置繁体字教育，将中国文化的根传承下去。"

委员们在提案中说："繁体字是中国文化的根，知晓繁体字，就是知晓中国汉字的由来、知晓中国文化的由来。"

委员们在提案中对于简体字也表达了一种尊重，认为"汉字的简化是一种进步的表现"，接着话锋便转了："但同时也造成了中国文化的一种隔断"。

该提案建议国家应该从小学阶段开始设置繁体字教育，比如将繁体字设置成必修课，或在讲授简体字的同时也教繁体字。今后大家即便不使用，也要知晓，因为这毕竟是中国文化，于国家的统一、民族的兴旺都有好处。（来源：《南方都市报》，记者游星宇等）

……

这样的话题，不能不引起海内外华人及众多媒体的热切关注。政协委员的提案，是不是透露了当局的意思？是不是使用了几十年的简体字要毅然舍弃，从而恢复到繁体字？

澳门澳亚卫视记者在"两会"期间即向教育部周济部长提出问题道："前一段时间在政协会议上有郁钧剑和宋祖英21位政协委员联名提交关

于小学增设繁体字教育的提案,您怎么看这个提案,会不会加入教育部的计划中?"

周济不大好针对委员的提案直接表达什么,但从他的话里显然是可以听出重大话题的:"你说到的问题,请大家学习我们国家的语言文字法,我们国家有基本国策,就是要使用简化字,就是要推广普通话,这是一个基本要求。所以我想,我们朝着这个方向努力。谢谢。"

这个回答应该是很智慧的。就是告诉所有人:关于语言文字的使用,我们是有法律的。任何人只能在法律的范围之内做事,不能与法相违。

周济的回答虽然智慧,但没有能让这场突然蜂起的有关繁简字的问题平息。由于有网络媒体的热炒,后又有文化名博的加入,这个话题一时变得有些热闹起来。就像平静的午后突然有人向谁家院中扔下了一个炮仗。

图69 中学生参加普通话大赛归来(苏珊摄)。

这个"炮",有些响……

一年过去了,又是北京的三月,又是新一轮春天的"人大""政协"盛会。这次会议上,一位叫潘庆林的政协委员更是放出了另一个重"炮":提出了花十年时间废除汉字简体字的方案。

潘先生是全国政协委员,天津市侨联副主席,是天津(日本)共同高技术有限公司董事长。潘委员对他的提案作了必要的说明。因为他很大程度上代表着一些侨界人士,因此,他有理由将华侨的声音带到"两会"上来——这当然是对的,代表着一定的声音,这正是政协代表行权的表征。但他的提案,用网络流行语来说,也真够"雷人"的。

潘委员提案的中心主张就是:"废除简体字"。

潘先生建议:

全国用10年时间,分批废除简体汉字,恢复使用繁体字,原因有三:第一,上世纪50年代简化汉字时太粗糙;第二,以前说繁体字太烦琐,难学难写,不利于传播,但是现在用电脑输入,再烦琐的字打起来也一样;第三,恢复使用繁体字有利于两岸统一。

这一提案理所当然地激起了千层巨浪。

潘庆林的提案在语言学界掀起了怎样的反应,我们这里先不提。但潘提出"废除简体字"一说,立即遭到多数网民的激烈反对——而这么激烈的反应让语言学家们也大吃了一惊。大多数网民的第一反应就是:废除简体字是不可以接受的。是社会的倒退。是瞎折腾。

有的网友闻此不免激愤,语带讽刺地说:那就干脆建议今后不能穿西服,规定只许穿"长袍马褂",并以之为中华民族的"正装";今后见面打招呼也是双手作揖,长辫搭背。

图70 旧时北京人见面打招呼的方式。

来自知识文化界的声音比较温和。但温和中透出了不温和的语气。澳门学者夏侯三间说:"文字是工具,只要绝大多数使用者都习惯于用它,就不能三天两头繁而简简而繁地瞎折腾,而必须使之保持稳定性,以利文化的传承。"(《汉字简化,功耶?罪耶?》,载《九鼎》,2009年第5期)上海作家、政协委员赵丽宏认为,繁体字从结构上体现汉字之美,但不意味着简体字就粗糙,从繁体到简体的转变,很多是有根据的。与其废除简体,恢复繁体,不如两者并存。

身为中学校长的全国政协委员张群思考的是恢复繁体字后,学校教育带来的问题,简体字客观存在多年,要推倒重来,不是简单事,师生都会无所适从,造成文化上的混乱。

北京人文大学的蔡发祥在他的《汉字应当废简复繁吗?》一文里对潘先生的批评很是激烈。他质问道:"是无知?还是故意在全国性的会议上出风头成名人?"

蔡文就潘委员废除简体字的理由一一作了批驳,在谈到第一条说"简化字是轻率从事,太粗糙,违背了汉字的艺术性和科学性"时,蔡文驳斥道:说到艺术性,无非是书法艺术。难道繁体字笔画多的字就有艺术性,而简体字笔画少的字就没有艺术性吗?请问潘大委员"一、乙、十、刀、刁、人"等笔画字少的字就没有艺术性吗？如果潘大委员的论点成立，那么，一个不懂书法的写一个"齉"字，一定比书法家写那些笔画较少的字要艺术得多吧！说到科学性，按潘大委员对"爱"的说文解字，那汉字违背科学性的恐怕不胜枚举吧：暗，两个日，应该太光明了，可它的意思却恰恰相反；樽，一种盛酒的器具，有金的、银的、铜的、瓷的、陶的，怎么也与木挂不上号，可它偏偏是个木旁；重，千里之遥，应为远吧，怎么是重量的"重"与重复的"重"啊？我想，倘若许慎老先生在世，也会拜潘大委员为师啊！(http://www.cc222.com/article/666783.html)

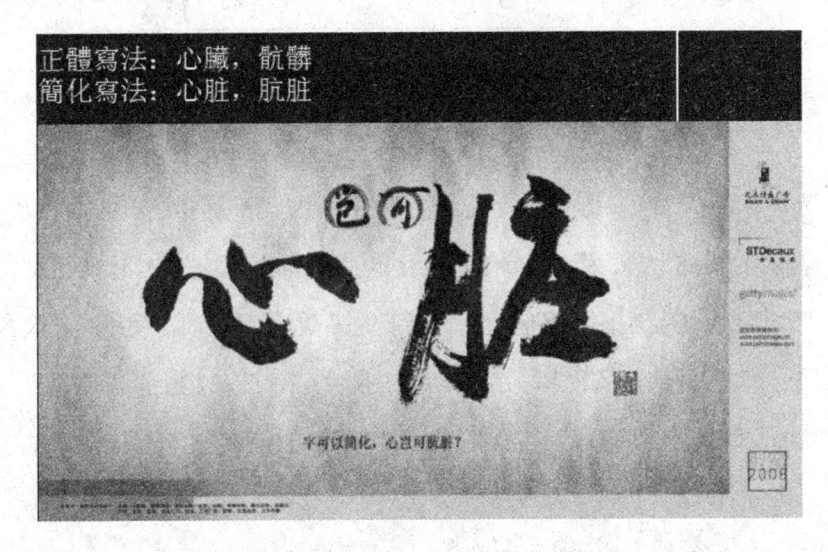

图71　某网站栽脏简体字的做法不可取，需知"脏"字的简写早就出现在陈光尧《常用简体字表》中(见图72)。

当然，潘先生的提案也没有提出马上废除简体字，而是"用十年时间，分批废除简体汉字，逐步恢复繁体字"。

只要是提出"废简"，大陆生活着的13亿人就会有严重不适，即使是你主张用十年或者更多的时间都难以让人接受。所以，在民众的讨论中，

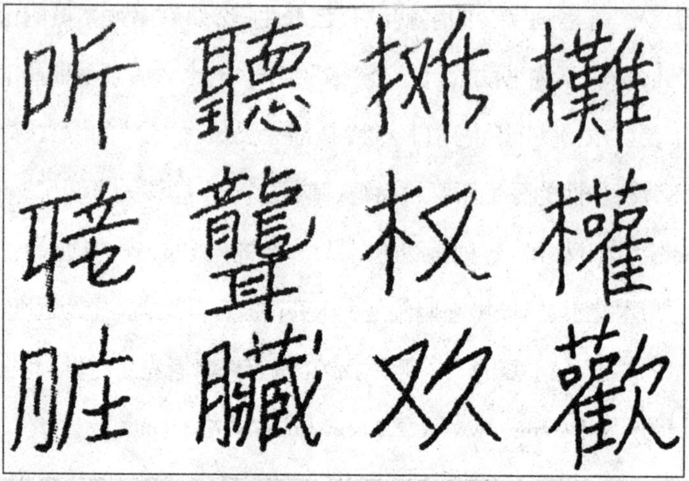

图72 《常用简体字表》中,不仅仅是"臟"简化成"脏","权""欢""听"都简化了。

潘委员的"十年时间论"没有受到更多的关注,而沸沸扬扬着的是"废除简体字"这件事,表现出严重不接受感。网友潘德馨在《汉典论坛》上发言说:"今天,中国十多亿七十岁以下的民众,已经习惯了使用简化汉字。他们中的绝大多数人学用汉字,首先是为了满足日常生活中信息交流的实际需要。他们学习古文化,不全都需要直接阅读由繁体字印成的古籍。简化汉字全部复繁,需要十多亿民众人人改变已养成的用字习惯,容易吗?"(http://bbs.zdic.net/thread-124562-1-1.html)

因为"废简"之论闹出的风波太大,以至于让前一年带头署名,与宋祖英一起提交关于《小学增设繁体字教育》的郁钧剑也觉得"废除简体恢复使用繁体提案有点过头"。(见艾君博客:《郁钧剑委员有话说》)

其实,挑起这场有关繁简体字论争的以及各自的"领军人物"还另有人在。

新一轮汉字繁简之争中,"废简派"的代表人物是已经98岁高龄的北京大学季羡林教授。2009年2月1日,季教授谈论国学时,明确提出读古文必须读繁体字,并称汉字简化和拼音化是歧途,追求效率不是简体字的理由,古文今译毁灭中华文化。

季教授接着举例道:把皇后的"后"与以后的"后"弄成一个字是极不妥当的,这表示当年推广的简化汉字是有太多遗憾的。有人说,季羡林教授写"爱"字,总是坚持用繁体的"愛",因为繁体的"愛"字有个"心"字,理由是"没有心何来爱"?(见中国社会科学院报,《繁简之争是一场闹剧吗?》http://ssic.cass.cn/yb/39/2-1.html)

季教授是国学权威,也是上世纪50年代成立的文字改革委员会的23位委员之一,参与过1955年2月2日正式发布推广的《汉字简化方案(草案)》。作为当年汉字简化工作的直接参与者,在走过半个世纪的简化字的推广与使用后,又回到出发点思考问题。是什么原因促使季先生有如此大的变化?是国学研究的结果最终导致了"切肤之痛"的反思?

其实,在繁简之争问题上,远不是我们想象的最先是由宋祖英等一些演艺界人士发起的那么简单。就在宋委员们提出提案的同时,《中华文学选刊》执行主编王干在他的《五十年内废除简化字如何?》的博文里就正式引发了这一话题。

图73 按拥繁派的观点,明代董其昌的"东""书"两字都是不规范的。

汉字最近有点儿烦

他的博文发表时间是2008年3月2日,他在博文中提出,简化字存在的理论基础已不存在,录入速度和英文及其他拼音化的文字已没有劣势,中国教育已不再是以扫盲为己任;简化字给古代文化典籍带来伤害,繁体字则有利于海峡两岸的统一和中华文化的纯洁。(http://blog.sina.com.cn/s/blog_47458e6501008kwi.html?tj=1)

几天后,2008年"两会"开会,宋祖英、黄宏、郁钧剑、关牧村等21位文艺界政协委员联名的提案正式亮相,人们幽默地评其为"发出'振兴繁体字'的呼声"。

这就是这场争论的发起与形成前前后后的一些情况追述。一年后,又有天津侨联副主席潘先生的新提案,接过王干的话题,只是潘先生的设想更加大胆,将"废除简体字"的时间由50年缩短到10年了!一下子压缩了40年。

图74　网上小学生搞怪图:拜托了,别繁体了,实在受不了了(棉棉制作)。

100

所以说，潘先生的提案，比宋委员的提案所形成的冲击波更大，更雷人。

不过，力挺"废除简体字"的人也大有人在。这批人被网络界称为"拥繁派"。拥繁派认为，文字不只是记录符号，海外华人圈大都使用繁体字，造成了华人不同用字的局面。如此，只有恢复繁体字才能让大中华更有凝聚力。

但多数网民们不能同意这样的观点。不同意这种观点的人，在网络上被称为"拥简派"。搜狐网最近一次对恢复繁体字作了调查，支持的网民仅五成一，而反对的网民有五成四。

"拥简派"和"废简派"透过各种方式，正式拉开了一场大论战。

四 汉字，问题严重到这种程度了吗？

本来，汉字的繁简之争，也不是一天两天了，但为什么这一次却有如此激烈的表现呢？

应该说，与我们所处的这个时代的媒体发达有关。一则是传统媒体频频曝光，追访当事人；二则是海峡两岸在文化"正统"位置之争上，有人借力打力，推波助澜。更主要的一点其实不在这儿，而是互联网上的"博客力量"——博客人的观点不需要审查，博客人的文章发表没有版面的制约，留置版面的文章没有时间的限制，是一个完全自由、开放、互动的"自媒体"平台。正因如此，这个话题的讨论，可以在学者、精英与草根之间同步进行，既可各言其事，自申主张，又可激烈争辩，拉帮结伙，壮大阵营。

由于这个原因,讨论立即形成一种火爆局面。除了繁与简的话题,更扩大到了两岸文化交流、谁是正统谁是草寇一类的敏感问题。

还有一点,也需要说明,是因为这个话题的热议,它有冲撞法律底线的可能。有关文字的使用,中华人民共和国是有专门的文字法的。这个法律的全名是《中华人民共和国国家通用语言文字法》,2000年10月31日第九届全国人民代表大会常务委员会第十八次会议通过,并于同日中华人民共和国主席令第37号公布,2001年1月1日起施行。这是一个正在使用着的法律。其法律条文开章明义:第二条:"本法所称的国家通用语言文字是普通话和规范汉字"。第三条:"国家推广普通话,推行规范汉字"。第四条:"公民有学习和使用国家通用语言文字的权利"。这一法律条文中的所谓"规范汉字"就包括简体字。"公民有学习和使用国家通用语言文字的权利",但也只有这个权利,没有废除这种文字的权利。

在讨论中,有的话语非常偏激。

图75 规范汉字书写对书家也是一门功课(怀远书)。

张钊在《汉字简化，得不偿失》一文里说："割断了文化的发展"。认为"中华民族的文化经历过两次大的文字改革：两千多年前，秦始皇强制推行秦地的文字，一举废掉了大多数知识分子习用的六国文字；两千年以来，我们造出几千个新字，又一举废掉了沿用两千年的汉字。两次都出于政治的动机。"（http://bbs.tiexue.net/post2_1201502_1.html）

说咱们的简化字是"一举废掉了沿用两千年的汉字"，平心而论，这种看法，很难说是公正的、理性的。

在讨论过程中，有的话题带有明显的"另外的意义"。有的人参与到繁简字体中来讨论，似乎不是完全讨论文字的问题，而是有着"批判外的批判"。对简化字也不止于一般的评论，而是对使用这种文字的政治诘难。一位叫"YUANZHOULVPAI"的（也有叫"三明斋"的网友在他的《白发黑炭翁的空间》博客里有同样内容的表达，不知是不是同一人）表达了如下的几点意思：

图76　台湾2008年国民党马英九与萧万长在"马到成功"竞选宣传牌上的签名（其实，台湾的政治精英们如马英九、谢长廷、萧万长等签名时也是喜用简体字的，毕竟这样写起来方便、快捷。）（毛丽摄）

汉字最近有点儿烦

一、中共之所以将汉字简化,"是来自自卑与仇恨"。文中说:共产党承袭这股自卑仇恨的思潮,这些充满愤激、自卑、仇视的思潮,正是中共推行简化的动力。二、大陆的"简化字是政治怪胎":中共的文字专家一再质疑台湾不用简体字是台湾的政府把文字"政治化",是"逢共必反"的顽固心态。其实简体字才是百分之百政治下的怪胎,楷书自古就因方方正正,足为楷模而叫"正书",何况台湾已写一千多年了,这有什么错!

(http://blog.ifeng.com/article/72062.html)

——引用到这里,本书作者不得不说几句,正像我们前文中所说的,"五四"前后的一些先贤,他们有过一次对于汉字书写繁难的"集体激愤",这其实是可以理解的,那是因为他们感慨于国家落后,受人凌侮,想找到一条尽快让国家强大起来的路子,那就是将文字简化些,让没有受到过教育的大众能认字,能学科学技术,以便让国家民族尽快地强大起来,挺立于世界民族之林。至于瞿秋白的主张,以及其他各位先贤的激进之词,放在当时的历史背景下,也不是不可以理解的。把上个世纪30年代文字改革之初一些激进的言论,一股脑地往今天的"中共"头上扣,即使是台湾的民进党也没有这么干过。像YUANZHOULVPAI这样来讨论问题,显然不是站在理性角度的。难道这种思维方式和搅事的手段,不正是"逢共必反"的"顽固心态"吗?

一位叫"老虎归山"的作者在博

图77 谢长廷的签名,也是简笔居多(毛丽摄)。

图78 把太平天国时的钱币放在此处，或者可以说明一些问题。

文中更是就"解放后的体制"以及对汉字改革举措作了发挥，具体可见其博址：http://blog.ifeng.com/article/1340301.html。

该作者说的意思是，中国大陆的简体字的推广与使用，是在中华人民共和国成立后，因"政治高压"的结果，是"少数政治人物，配合一些御用专家来定汉字的生死"，是"违反文字自然之理"的、最后必遭"反扑"的"鲁莽"行为。

……

也许，大陆的简化字在推广过程中，对于各地意见的广泛听取，还有需要改进的地方，这一点，真心地指出其弊，以为"殷鉴"，未见得不是好事。其实，如果真想了解一下中华人民共和国政府教育部在有关汉字简化问题上所做的努力，也是不难的。只要我们"百度"或"谷歌"一下，其工作全程，也就清清楚楚了。从1950年编制出《常用简体字登记表》到1955年10月全国文字改革会议对《汉字简化方案（草案）》的修订，以及国务院于次年的全体会议第23次会议上的讨论通过和在《人民日报》上正式公布,不难看出,汉字简化方案怎么说也与所谓的"鲁莽愚蠢"无关。不知道在讨论汉字的繁简时如何要有这样的言论?至于说"五十年来,正体汉字无时无刻不遭受打击"这真是让人哭笑不得。大陆什么时候对"繁体字""强力打击"过?不仅是没有对台湾施加打击,就是在大陆,《中华人民共和国国家通用语言文字法》还规定,有下列情形的,可以保留或使用繁体字、异体字:(一)文物古迹;(二)姓氏中的异体字;(三)书法、篆刻等艺术作品;(四)题词和招牌的手书字;(五)出版、教学、研究中需要使用的;(六)经国务院有关部门批准的特殊情况等等。包括新中国的各位领导人,毛泽东、邓小平、江泽民,他们在题字题词时,不也使用繁体字吗?谁打击过他们了?今天满大街的名牌店铺的牌匾,不都

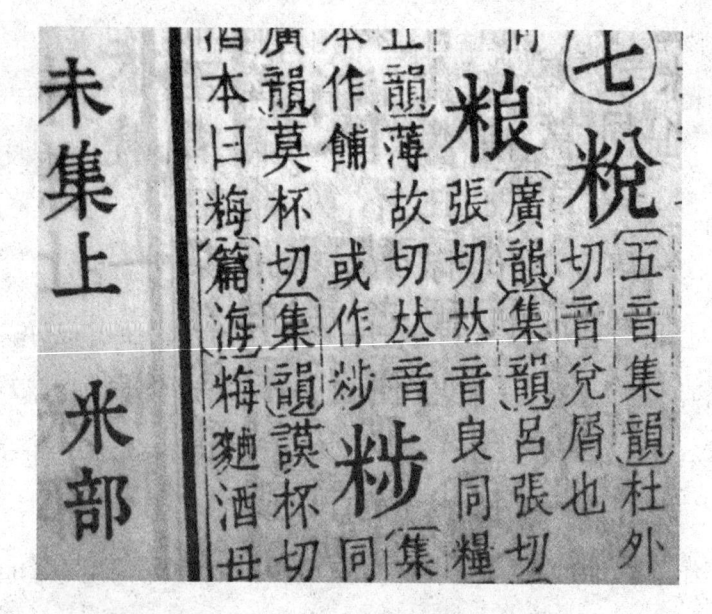

图79 粮食的"粮"在《康熙字典》中就出现了。

保留使用了繁体汉字吗？谁又去摘牌了？大陆的古籍出版，像中华书局的那么多典籍文献，谁又去制止过？笔者想问一声的是：这种不问是非，强加于人的受虐心态，何时才能变得平和呢？

这还是在讨论汉字繁与简问题吗？

还是那位YUANZHOULVPAI，认为繁简字之争是正与邪的问题。他说：香港人在"九七"以前，对简体字的称呼是"大陆字"，也就是说，它不是中国字，也不是汉字，它只是现在大陆使用的一种文字。它不是真正的汉字，使用这种假假的文字，它的后遗症也随着时间的过去，慢慢地浮现。

是这样的吗？听听下面将要讲的故事，看来"唯一受益"的恐怕不止一个人，是十亿以上的人；持汉字必须简化这样观点的人也绝不是一个人两个人，而是一群人，一代人！数代人！！

五 恢复繁体字？80后很生气，很愤怒！

真有人主张恢复繁体字？这不会是黑色幽默吧？

这可能吗？

第一时间有人听到这样的话的第一反应就是：脑子进水了吧？（请原谅，现在的网络用语如此！）

大陆有太多的80后年轻人觉得这种言论不过是吃饱了撑的，是脑子被门框压了的结果。他们无法想象，谁可以说出这么"雷人"的话来，"得有多大胆量才能想想这种事啊，你这样做，无非是使数以亿计的80后回到半文盲年代去,这不是被夹了是什么呀?!"在"司马六"论坛上,一位西北的大学生这么愤怒地回复这个话题。

"回复到繁体字去可以,先问问大爷俺愿意啵?问题是有人敢问我吗?如果有,我××××××(此处省略6个有暴力倾向的文字),就跟当年的屠父抽女婿一样,来他个满地找牙的情景再现!"在"博媒论坛"上,网民叫"一抹清风"的发上来一个愤怒的表情。

"想出名想疯了吧?(此处省略11个有指向性的文字),那干脆学什么姐姐脱衣服跳大舞去呀?别拿什么简体字说事好不好?亏他想得好回到繁体字去,敢情俺这书白读了?谁付学费呀?"(1120800群群发邮件)

……

就在宋委员们提出《小学增设繁体字教育》的提案时,北京热闹的"两会"还没有散,2008年的3月15日,一位叫"豬頭鍘"的网友在"天涯论坛"上发了一篇文章,题目是《〈小学增设繁体字教育的提案〉之七宗罪!》文章就提案各条,一一反驳。由于太过激愤,语言多有雷人语辞,只好于个别地方作些省减,使之显得温和一点。

文章所列的"七宗罪"是:

1. **严重抹杀中华文明史**——"繁体字是中国文化的根"?第一次听说中国的"根"是如此肤浅?想我中华文明,早已远远超过5000年,繁体字是啥时出生的?

2. **严重诬陷新中国**——"造成了中国文化的一种隔断"?简体字是新中国的产物,我就纳了闷儿了!中华五千年的文明怎么就在新中国隔断了呢?!莫非成立新中国的意义要打个折扣?用了简体字,中国文化断了吗?

3. **严重诽谤先人的人格**——"知晓繁体字,就是知晓中国汉字的由来、知晓中国文化的由来"?繁体字以前的文化都是炎黄子孙偷的别人的?

4. **严重挑拨地方和民族矛盾**——"国家的统一、民族的兴旺都有好处"?香港、澳门都收回了,就可以不管了是吧?怎么不把粤语加上?还有少数民族语言文字,一概藐视?

5. **严重增加学生负担**——"建议国家应该从小学阶段开始设置繁体字教育"?你们是不是就知道有繁体字?篆书、甲骨文没听说过?现在告诉你了,你要不要连这些都一并写到提案里?"结绳记事"要不要再开一门必修课?语文必修课,英语必修课,再加上繁体字、篆书、甲骨文……你是不用再上学了,(可人家上学的人怎么办?)是不是?

6. **严重破坏国家形象**——文字只是某一时期的一种交流载体而已,扯上什么中华文化的旗号?很多人连简体字都认不全,还有工夫去学

图80 网上"躲猫猫"模仿表情(棉棉制作)。

什么繁体？照此来看，未来国人文盲数量岂不是要成倍增长？！

7. **严重侮辱国人智商**——拿出如此提案来嚷嚷，扰乱国人视线！就你知道有个繁体字，其他人都是文盲？（http://www.tianya.cn/new/publicforum/Content.asp?idWriter=0&Key=0&strItem=free&idArticle=1159337&flag=1）

文章刚发上，留言就热闹起来。网民pegatron留言道："此种议题不屑置辩，飘过~"；名为"天涯王命"的网友留言是："提案未必祸国，可能局部扰民……"网友249061276说："我是80后的，现在大学（学习），中国的学业繁重，如果还要让小学生学繁体字，那么还真是折腾啊。其实学了简体（字）的人都认得繁体字。"网友"v恋爱粉色系"则直言道："无聊的提案！"……

为此，新华网就此"复繁"案进行了民调，网民用投票的方式表明自己的态度。结果，支持"复繁"的只有1.5成。

新华网的调查是这样设定的：你是否支持"废除简体汉字，恢复使用繁体字"的提案？共有592人投票，起止时间：2009年3月4日到2009年3月10日。支持15%，90票，反对81%，481票，无所谓3%，21票。

由此可见人心向背。谁愿意在受过几年甚至十几年的教育后，一下子成为书写上的"准文盲"呢？

生气的应该还不止是80后的年轻人，恐怕更要生气的还是现在正在读小学、初中、高中、大学的90后，甚至新世纪刚入校园的大大小小的学童们。平白地让他们的书包里再放上砖头样的书本儿，平白地让他们在繁重的课业里再写上比现在更加繁难的繁体字，并用这种字去阅读古籍，去考他们的父母。而他们的父母也不是1956年前生人，断断也是识读简体字长大的一代。按照认识繁体字的"新"要求,此刻至少也是个书写上的文盲或半文盲——你这让孩子们怎么办啊?!

人民网的强国社区贴了一个帖子:"一直想问一下这位女士,汉字废简复繁以后,什么时候恢复小篆?什么时候恢复象形字?文言文又什么时候恢复呢?"应该说,这个帖子不太具有恶意,只是用一种不满的口气在表达自己对"复繁"的意见。在这个帖子下面,一些粉丝很担心因她的这个提案可能引起不好的结果:

她提出那个恢复繁体汉字的提案后,改变了我的看法,反感得很。

[118.77.60 2009-04-18 23:20:23]("精蝇",网络用语,指"精英"——笔者注。)

担心祖英这么善良的人被精蝇利用而当枪使。

[118.250.80 2009-04-11 20:24:16]

对于潘委员的提案,生气的更是大有人在。

新浪文化论坛[文化漫谈]里也有个帖子:《恢复繁体字是对80后的"摧残"》,后面有很多跟帖"纸条"。

蓝蓝紫紫所发的"纸条"内容是:

没啥好说的。一看到那些支持繁体字的评论就想揍他们一顿先,叫你脑子秀逗!叫你脑子秀逗!!

"阿芭若"发"纸条"内容:

无聊!历史应该是进步的,为什么还要学繁体字?有毛病!

"楚国巴人"发的"纸条"内容是:

唉!晕死!怎么会有人把繁体字和中国文化等同起来呢?按照这个逻辑下去,岂不是不认识中国繁体字的就是没文化了?

图81 网上拍砖图。

"春黛月影江雪寒"的"纸条"内容是：

支持繁体字的人，不要认为我们支持简体，就不懂得繁转简中出现的语义文字的断裂，但那已然成为历史，我们无法再回到那个年代。

人们已经适应简体，已经把它当成一种现存的文化，你们又瞎折腾什么？去简就繁，造成不必要的麻烦。

"liufx20088"所发"纸条"：

要求恢复繁体字的委员、代表应被免职查办！闲得！！！

"yxz200205"的"纸条"内容是：

同意，不仅是80后，就是50后，也是学简体字长大的，要是恢复繁体字，那么大部分人又都成了文盲了。

"宝尔001"所发"纸条"内容很长，他还将其放在了自己的博客中。"纸条"内容如下：

繁体字之所以被简体字取代，就是因为"脂肪"太多了，一个字动辄十几二十画，写起来就像老母猪跑马拉松。臃肿的女人不性感，臃肿的文字自然也性感不到哪儿去。当然，有人说恢复繁体字有助于保护我国的古文化。那么，恢复甲骨文是不是更有必要？

诚然，有一些简化字简化得不成功，但这不是取消简化字的理由，我们只有不断完善简化字，至于怎么去完善，那是将来两岸三地的学者们共同去研究的事。

图82 网上继续拍砖。

一位叫"甜甜月"的网友在所发"纸条"中说出的一段话证明,即使在香港,大家也是在向简体字靠拢的:

在香港做过半年的交换生,和我一个寝室的是香港当地人,她经常和我交流功课。我很诧异她写的字里有很多的简体字,例如"个","欢"字,她就说觉得有些字用简体的很方便,又快。不必太过讲究简体繁体吧,自己喜欢就好了!

这些个有关80后很生气的帖子还有很多续帖,意见都是方方面面的,这里不多引了。在网上另外的地方,或博客,或论坛,强烈反对复繁的人们在充分表达着自己的意见。一位从事与医学工作有关的作者写出了对汉字"废简复繁"的看法:

我一贯认为,那些提出对汉字废简复繁的都是些伪专家们不负责任的言论,真正懂得汉字演化史的人是不会讲出废简复繁这种昏话的,只是没想到现在竟成了"两会"上的议题。现在对这话题也是议论纷纷,赞成者有之,反对者有之,而我是坚定的反对派,反对的理由懂行的专家像王立群、方舟子讲得很充分了，我在这儿就说点自己的看法吧。

首先文字是人类交流、保存、传播文化的工具，而学习掌握使用这种工具的过程，其实是种条件反射训练，说白了教学生识字写字，只有靠反复的读写，千百年来这种教学方法就没变过，也没法做什么改变。这样一来学习文字的速度，一是看学生的天赋，二就是看学习的文字是简单还是复杂了。"一二三"，一看就懂，一学就会，"四五六"也不难学，"叔暑鼠"你不反复读写多次，那就学不会，笔画更复杂的字学起来就更难了。一种工具要是用起来不方便，还不肯进行科学改进，结果只能是被更有效率的工具取代。文字也一样，汉字要是不发展，故步自封，那就适应不了时代的要求，就会有被淘汰的危险。有的人比别人认多点字，能读得了古籍，就以为自己真成了权威大师，其实不过是炫耀会"茴"字四种写法的现代孔乙己……一味地去赞美繁体字，表面看起来他们要保护中华文化，其实是复古倒退……要是文化只是精英专家少数人手里的玩物，那迟早要成死文化、活化石。（http://www.wyzxsx.com/Article/Class18/200903/73480.html）

人民网的"文化论坛"上为此也有过一个讨论。当提到2009年3月的"两会"上潘委员提出用10年的时间废简就繁时，一位叫"股市飞戈"的网民点评道："据俺所知，中国迄今为止，好像还没有过禁止使用繁体字的法律吧，何用'恢复'？如果按照潘某讲的艺术性和科学性来讲，恢复甲骨文、金文或者大小篆最好。最可笑的是把它与祖国统一扯在一起，不如干脆把少数民族文字都废除得了，多统一啊。至于所谓繁体字申请非物质文化遗产问题，俺不知道障碍在哪里，谁不准大陆申请了？真不晓得潘先生提这建议时，使用的是电脑还是刻兽骨的工具，身穿的是西装还是宽袍大袖?"

……

这种语气如果在网络外看,可能有些尖刻。但在网上,这是一种特有的说话方式和幽默。在上文的审稿过程中,本书删除了很多激烈的发言,但即使如此,如果不常在网络上"走"的人,估计听起来还是有些难以接受。这里特别作个提示:各位看官或当事人一定要把握好了,不能与这表达方式较劲,还有更厉害的方式呢。

不过要申明的是,网上如何表达,以及他们的表达方式,不一定代表本书作者的观点,只是作了引述而已。

轻松一点,来个符号组合的表情: ^_^

六 囧了专家,乐了网络,拍砖人多用雷人语

文字专家们在这一场"复繁"争论中是属于那种最囧的一帮人。他们甚至无话可说。几十年的探索、研究,贡献与付出,一夜之间,汉字简化工作不但无功了,简直就是大过。割断了中华民族的历史,割裂了优秀文化的传承;斩断了中国历史传统的根基,破坏了书法艺术的基础;造成了典籍阅读的混乱,破坏了汉字的科学体系等等。更有甚者,说汉字的简化运动破坏了两岸的统一,成了某党某派消灭中华文化的罪恶帮凶……帽子高大到比"文革"最"火"时期的"大铁帽"一点也不逊色。

汉字的简化,特别是《汉字简化方案(草案)》的推出,是经过了严格论证过程的,是多少专家在收集民间智慧、历史资料的基础上,整理出

的一个符合汉字发展规律的成果，决不是什么人所谓的共产党领导下的"一言堂"的结果。

专家们一直在纳闷儿，怎么就有这么多的误解呢？在他们的心中，文字也就是一种书写语言的工具而已，怎么可以有那么多的背负呢？作为工具，语言和文字学家，以及所有的使用者，就要求它使用起来方便，识读起来容易，如此而已。从汉字本身的历史来看，由繁趋简的发展趋势是十分明显的。简化字不是凭空产生的东西，它是伴随着汉字的出现而同步产生的，有几千年的历史。早在甲骨文和金文中，汉字就有了简体形式。以"车"为例，有的形体是用"一"穿着两只轮子，有的则把车体、轮子和车前部都展示出来（见图5）。这种变化主要就是一种减省的方法，这种方法在以后的各个时代又有所发展。谁能否定"车"字一类的简化现象呢？以"云"与"气"二字为例，秦始皇推行的小篆将汉字从以图形为主转变为以线条、符号为主，简便程度超过它以前的文字。隶书的字

图83 网上的接受意见表情。

形更是按由繁到简的方向演变,简化了汉字结构,减少了笔画。南北朝以来,楷书、草书、行书中不断有简体字产生,名家书帖、手抄经卷、碑刻等均有大量简体字。

所以,专家们对于某些所谓"复繁"人士的高言大论无法理解,对他们似乎很精到很"专业"的发言,无言以对。(以上文字部分的表达出自《中国教育报》于虹文章)

现行简化字不是凭空创造的,而是遵循约定俗成的原则,通过搜集、整理、筛选千百年来在民间通行的简体字,在广泛征求意见的基础上确定简化字体并经过一段时间的试行后确定的。有感于一些观点对于汉字简化的责难,文化学者望少辉认为:"简化字的确定是审慎的"。他说,"现在提及当初汉字简化过于粗糙,未免太过武断。从有关记录中,我们可以了解到,'中国文字的简化,是20世纪50年代中期,中国政府在周总理的直接主持关心下,结合了上百名专家,对数千个常用的中国文字进行了一次字体的简化。'在制定标准简化字时,是集中了众人智慧的,而且除了个别文字是新制定的外,绝大多数是在已有的简体字中择优采用和标准化。现在站在要求恢复繁体字的立场来评价当初的简化字,并指责其"过于粗糙",这不是一种对历史负责任的言行。(载新华网:http://news.xinhuanet.com/comments/2009-03/05/content_10945779.htm)

好在有这些公正的言论"出声",否则,当年从事文字改革、汉字简化推广的语文工作者,一定会大为伤心。因为今天的言论对他们太不

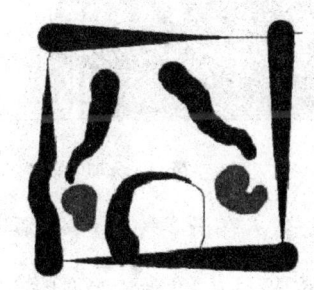

图84 囧的网络表情。

公了。

"公正的言论"和"出声"者也不止于大陆,澳门的学者同样对目前一些人对简体字的全盘否定不愿意表示沉默。夏侯三闻在澳门文化刊物《九鼎》著文说:"大陆1964年公布的《简化字总表》,与其说是共产党人的杰作,毋宁说是几代炎黄子孙智慧的结晶。《简化字总表》推出近半个世纪,功德无量,至少已使两三代人在识字教育上,收事半功倍之效,受益无穷。"(《汉字简化,功耶?罪耶?》,载《九鼎》,2009年第5期)

图85 汉字简化,功耶?罪耶?

毕竟有这很多的实事求是的学者,是他们的理性的呼声,让我们的文字专家还有那么一丝儿的安慰。如中国社会科学院研究员江蓝生,她在社科院"国学论坛"2009年4月8日总结会上的发言就是一种非常理性的声音,也是公正言论的代表。她说:"半个世纪的实践表明,我国简化汉字的方向是正确的,其实践也是成功的。汉字发展的历史表明,汉字自古以来始终是沿着简化的轨迹演变的。汉字简化工作顺应了汉字发展的这个总趋势,简化字绝大多数有约定俗成的历史基础,顺应了群众使用的需要。简化字提高了书写效率,对提高国民尤其是工农群众文化水平有利。简化字笔画少,形体清晰,方便计算机造字和认读。联合国把简化字作为中文的规范字体,已经成为国际标准。随着我国国际地位的提升,随着中华文化在全球日益广泛深入的传播,简化汉字必将有更广阔的应用前景,后退既无道理也无必要。在推行简化字的语文政策方面,我们应

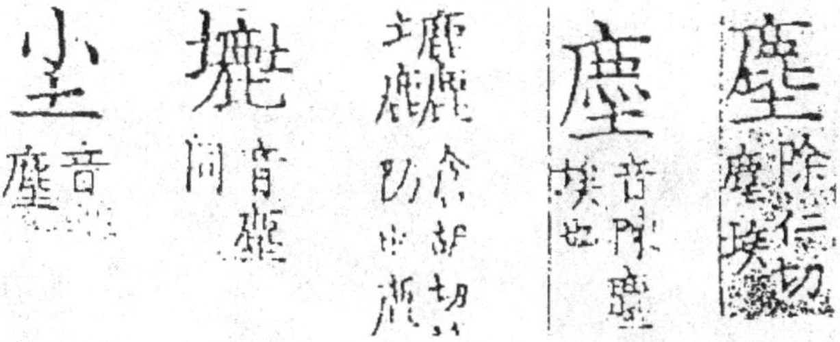

图86 "尘"字的原形态。

该不动摇,不折腾。"(摘自江蓝生:社科院国学论坛,2009年4月8日总结发言)

持同样观点的也不只是江蓝生先生,《中国教育报》于虹的文章同样表现了实事求是的态度。她以事实说话的方式是让人信服的:现行简化字形体基本遵照汉字的基本体系和构形特点创造,具有历史继承性和体系性。从汉字字形的表意表音作用来看,有很多简化字显然优于繁体字。比如,繁体"衆"早已成为字形讲不出道理的记号字,简化字"众"则是很好的会意字。繁体字"塵"是造得不很成功的会意字:

籀文本从三"鹿"从"土",大概表示众鹿疾奔尘土飞扬的意思,不经解释很难直接会意出"尘土"之义,但简化字"尘"就很好理解。

繁体"滅"是声旁已经不起表音作用的形声字(因为右边表音的部分早已不独立使用,一般人不认识),简体"灭"则是相当成功、表意明确的会意字。繁体"叢"的结构也难以说清,简体"丛"的"从"旁却有很好的表音作用。"驚"简化为"惊",将从"马"变为从"忄",更准确地显示出心理活动的类别。"護"简化为"护",用"扌"表示动作特点更准确。

……

我们当今的社会处在一个网络高度发达的社会,即使专业如江蓝生、于虹、夏侯三间、望少辉这样的文章，也会很快地在网络上传播开来。这当然是时代进步所赐。

但网络还有着另外的特点：在网络使人一夜成名的风气之下，常有语不惊人死不休的"雷人"作"雷语"，所谓雷人之语"。

网络的现实就是，不怕有人出怪异之声，喊惊人之语。如果口无遮拦，则"一呼百万应"（《潇湘晨报》语）是常态。一声呼喊，足可以乱了天下所有成规世见，则这样的言论更会获得青睐，"因为它会赢得流量，赢得点击"，（网络小管语）网络也会很快将这种声音放得更大。

图87 网络用语的"雷人"表情。

因此，我们就可以想象，为什么有了这么多的"忧虑"：因繁简字而大大地忧虑民族文化失落，忧虑中华文化断根，忧虑海峡两岸因此而统一不起来，忧虑五千年的文明因了大陆的简体字而要被肢解被强奸等等。

我们看一看如下的言论：

——简体字方案，正是急功近利年代的畸形产物。就在简体字方案出台后不久，经济大跃进便盛行于中国，跟文化冒进浪潮呼应，俨然一对亲密无间的孪生兄弟。现行简化字的出台更多源于政治，与前清的剃发易服相类，阻断了中华文化的传承，背离了语言文字的自然发展规律，对语言文字是破坏。其实质是对中华文化的破坏和扭曲。（羽青玄）

这话很网络，很雷人。简化字一无是处，且多"源于政治"，并且是"与前清的剃发易服相类"的一类让人生厌的"恶行"，因之"阻断了中华文化的传承,背离了语言文字的自然发展规律,对语言文字是破坏","其实质是对中华文化的破坏和扭曲"。

——汉字的简化和白话文的口语化,如同两把快刀,再一次割断了文化的发展。今天大陆人中,认识未简化的汉字,能读中文书的人,凤毛麟角。凡民国以前的文章,一概成了古董、绝学。文化要继承、发展;政治要借鉴、改革。但是,继承了,才能发展;借鉴了,才能改革。否则,一切从头做起,摸着石头过河,不栽跟头才奇怪呢!周有文、武、周公,而孔子说:"鉴于二代";汉有萧何、曹参,而史称:"汉承秦制"。历史上聪明睿智的人们成功的经验正在于学习、借鉴前代的成就和教训。

我们经历了百十年的混乱,纲纪制度,破坏殆尽;文化风俗,荡然无存。因为语言文字的缘故,既难于学西,又不能承中,想起来,令人痛心万分。(张钊)

这个更雷人。"今天大陆人中,认识未简化的汉字,能读中文书的人,凤毛麟角。凡民国以前的文章,一概成了古董、绝学"。

真是语不惊人死不休啊。

不过,笔者想告诉张先生的是,本人曾在"大陆"的某中学组织过一次繁体字识读调查,那些你所说的"能读懂中文书的人,凤毛麟角。凡民国以前的文章,一概成了古董、绝学"的话,没有应验,大多中学生是可以看懂那些繁体字的。个别的识读起来有些不顺,但根据上下文的内容关联一下,也就能猜得出来了。至于你由此断定"凡民国以前的文章,一概成了古董、绝学",那只是你的想象,看不出有什么像样的证据可以支持你。

记得我们在上节所引的那个《恢复繁体字是对80后的"摧残"》的论

坛文字吗?还有一些"纸条"也说了这样的意思,即我是80后,但也不是文盲,繁体字也并不是那么可怕——

网名"疾风铃音"的"纸条"内容是:

"其实繁体字我也能看得懂~这个没啥~"

80后的父辈们也以自己的经历说明道理,网名"包菜鱼"在"纸条"中说:"我儿子80后,没学过繁体字,但都认识,经常看古书,只是不会写,这就是中国文字的妙处。我上学的时候也是没学过的字在书里连成一句话就能认识,所以请博主不要太着急上火。"

我看这样的话,同样也应该让张钊先生"不要太着急上火"。

就张先生的"凡民国以前的文章,一概成了古董、绝学",笔者特地请来一位小学生、一位初中生、一位高中生和一位大学生,我让他们试读一下台湾老古文化事业公司出版的繁体字的《菜根谭》,四位学生拿着就读,虽然小学生和初中生不太知道断句,但字基本上还是读出来了。在

图88 博才学校小学生胡宇堂在读繁体字的《菜根谭》。

4个版面的文字中,小学生读不出来的字是8个,初中生6个,高中生4个,在校大学生也就2个。不知道对于这样的数据,张先生有何见教。如若不信,可以请你从任何一个地方的学校抽样来认读一些繁体字的读本。

如有不信,再举一个例子来看看。

就在本稿成篇打印后交编辑审读之时,一群初中文化的服务员指认繁体字的事,让我们感到很有趣。6月15日的中午,作者与责编李智初就近上了王府井一家名为煌厨餐馆的地方用餐。有三个服务员在我们点菜时发现了放在餐桌上的书稿打印件,立即对《汉字最近有点儿烦》起了兴趣,说汉字凭什么烦啊,汉字又不是人,它烦什么烦啊?我们只是笑。后来,其中一位叫温娜娜的小服务员指着书稿中的一些笔画很多的字读了起来,问我们"華"是不是读"华"啊?接着又找书稿里的繁体字,先后认出了繁写的如"侨"(僑)、"军"(軍)、"辙"(轍)、"选"(選)、"书"(書)、"听"(聽)、"厅"(廳)等。作者和责编都感到很神奇,问她们上

图89　餐馆里的三位服务员,自左至右:吕雪、时慧慧、温娜娜。

了几年学,得到的结果是,一个初一,一个初二,一个是初三。于是,作者又手写了个"倉"让她们认,三个人都不约而同地说:"这不是个'仓'字吗?"我们又写了十来个繁体的汉字,她们都一一念读正确。最后,我们写了个"忧郁"二字的繁体"憂鬱",这一次她们没有认出来,而是认成了"夏什么的吧?"

可见,张先生的所谓"大陆人中,认识未简化的汉字,能读中文书的人,凤毛麟角"这个说法也是得不到任何支持的。

……

有拍砖的,当然也有反拍砖的。反正网络战场,基本上就是如此。

"华声在线"署名刘家山的文章,标题《废简用繁的提案很幼稚、很无聊》就直接表明了自己的观点:

我认为,这样的提案很幼稚很无聊。我大学学的是汉语言文学,也曾做过多年的语文教师,看到这样的提案很气愤,感觉没有道理。去年宋委员等也曾联名提出在小学教学中增加繁体字,引来不少非议,今年潘委员又老话重提,简直就是无理纠缠,浪费资源,没有意义。潘庆林的三条理由都很肤浅,都是站不住脚的。说是简化汉字"太粗糙"、"违背汉字的艺术性和科学性"。果真如此吗?据我了解,当初中国文字改革委员会的汉字简化工作是负责任的,也是十分严肃的,有大批专家学者参与,怎么会仓促行事呢?他们整理了异体字,公布了简化字,应该是一大历史贡献。说什么没有艺术性、不美观,甲骨文倒是美观,就像儿童绘画一样,难道我们还要恢复甲骨文?

对于"简体字不利国家统一"问题,这位作者有些激动地写道:

"说什么恢复使用繁体字有利于两岸统一,这又是一个牵强附会的理由。海峡两岸的统一是大势所趋……如果使用繁体字就能统一祖国，那毛泽东时代可能就要全部使用繁体字了。真是好笑死了！李登辉、陈水扁都使用繁体字，他们知道热爱中华民族吗？他们不都是死不改悔的台独分子吗？用繁体字来统一中国，这是三岁孩子的想法吧。实现祖国统一，只能靠我们自身的日益强大……这应该是一个谁都明白的道理。"

（http://opinion.voc.com.cn/article/200903/200903050857478367.html）

一篇源自"大河网"后又被"中国教育新闻网"转载了的博文《恢复使用繁体字是在拉历史的倒车》的文章，作者的网名叫"玖昆仑"。他在批驳了潘委员的"废简复繁"的言论后，也有几分雷人地写道：

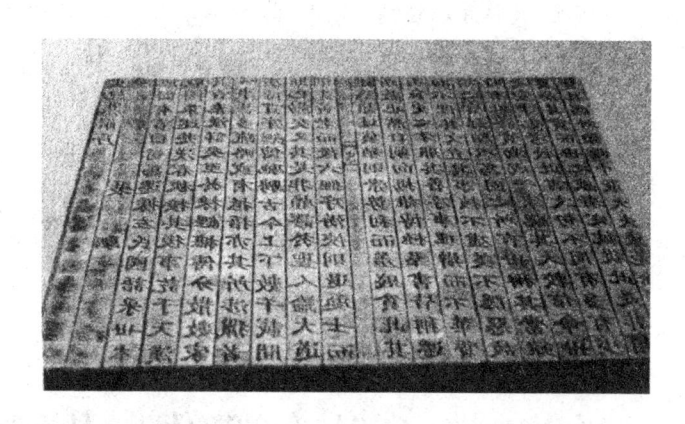

图90　繁体字担负不了这么重大的历史重任，它就是个工具而已。

也许潘委员属于老同志了，不用再上小学、中学、考大学了；反正工作有了，地位有了，不愁吃不愁喝；也许潘委员曾经旅居海外，是华侨"领袖"，对繁体字情有独钟。但也不能拿个人喜好来强加给广大大陆民众，特别是中小学生们啊！毕竟，他们没有潘委员这么"清闲"，他们还要学习、还要工作、还要讨生活，总是希望什么事情越简单越好。而今，想停止已经用惯了的简体字,而恢复使用繁体字,这不是有违广大大陆民众特别是学生们的心愿吗?何况,联合国使用的中文,都是用简体字,不是用繁体字了。而今,又要恢复使用繁体字,这不是在拉历史倒车又是什么呢?

其实,文字只是一种工具,是工具就必须不断创新改造进步,这样才能不会被淘汰,才能向世界推广,也才能更好地传承下去。如果恢复使用繁体字,人们都会感到难学、难掌握,最终只会被英语所取代。到时,还谈什么传承?毕竟,我们学习使用汉字的目的是为了易学易认易用,方便日常生活。如果我们认识、使用起来都不方便,久而久之就自然会被时代进步所抛弃。何况,简体字已经推广使用了几十年,已经深入人心了……

(http://www.jyb.cn/opinion/gnjy/200903/t20090305_251526.html)

拍砖与反拍砖,多有雷人语,这也是一种新的语言现象。各种声音的自由表达,这是我们所处的时代赐予的方便。但愿参与讨论的各方人士能从中听出一些主流声音,听出民间的声音,而不要自以为是。

七 一群在校生说:不就是个破繁体吗?什么呀!

我们在上文里已经谈到过由小学生到大学生对于繁体字本《菜根谭》一书的认读,也巧遇了餐馆服务员指认繁体字的趣事儿,其结果是基本上都能识读出来。

而同样的问题我们将之带到北京联合大学位于北苑的校区后,一群男女学生可是炸开了锅,他们用一种很不屑的语气对我们说:"这什么呀,这都什么呀?不就几个破繁体字吗?闭着眼睛也读它个八九不离十。怎么啦?有这么难吗?还割断中华文化了呀,想什么呐?一点技术含量也没有。"

这就是现在人说话的方式。不知道我们那些着意于维护繁体字的人们作何感想,是不是觉得这又是口语化的后果呢?本人也不一定支持这样的说话方式,但与文字的简化趋势一样,这也算是一种自然的选择,汉文字和汉语口语,都是要顺着一定的规律往下走的,执意要穿上长袍马褂,高呼着守住根儿,守着本儿,老祖宗的东西不能变了这样的口号,不是个办法。

事实上,我们的汉文字,无论简繁,都是有着内在联系的,这就是为什么大陆没有学过繁体字的中学生、大学生们都或多或少能认读出繁体字来的原因。

前文已经说过,简体字的出现,更大意义上,它是一种民智的体现,而整理简体字、推广简化字,应该说是一种收集民智、反映民意、顺达民情的行为。正如张树伟先生所言:就简化字而言,尽管有官方力量的参与,但其核心的推动力还是来自民间。因此,有网友认为,简化字是民间力量推动的结果。从甲骨文开始就有简体字,很多字是繁简并存。历代都有简体字在民间流行,但被封建王朝视作"俗体"、"破体",使其难登大雅之堂。使用简体字是百姓的一个千年之梦。而建国后简化字的推行是百姓的千年之梦的实现,是执政为民的一种体现。

由繁体字到简体字,应该同样不会有什么过不了的坎儿。2009年端午节,笔者在深圳访问曾于1956年在湖南参与简体字推广工作的万邦老人。我问他,当时在推广简体字方面有没有什么障碍,有没有什么特别的压力,比如说,政府是不是强行让你们一定要在什么时候写简化字,否则给予什么样的批评或其他的"说法"。万邦老人说,怎么可能呢?当时的推广工作是循序渐进的。"而且,事实上,当时我们这些教师虽然一直以来学的和用的是繁体字,但当时推广的这些简体字,我们在认读上并没有任何障碍,而且觉得特别的开心,一段时间里写起来有些繁简杂用,但很快就熟悉了,并且很乐意向学生们推行这种新的简化字。"

图91 万邦老人在向作者讲述当年"推简"的往事。

老人说起"推简"一事来显得很兴奋。他顺手写了几个词,如"忧郁"、"读书"、"众望所归"。他说,"这几个词,如果用繁体字写起来,要费老半天的时间,但是,用简体字就快多了。特别是'忧郁'二字,想想笔画都太繁难了!"

万邦老人是"从只识繁体到教育别人认读简体字"的代表人物,像这样的老人现在还有很多在世。

而上个世纪60年代后出生的人,由只识简体字到过了一定的年月后又大多数能认识繁体字,这样的人就太多了。

一位在郴州做弱电生意的汤正福先生,他虽然只有高中一年级的文化程度,但在本书作者让他读一本繁体字的《三国演义》时,他有些面露不快,意思是说作者太小看他了,用这种东西考他,感觉不太好。

当作者说明意思后,他笑着读了起来,几乎是一字不错,流水般地没有任何障碍。

——这不能说不是一件很有意思的事。由此反映出,繁简体之间,并没有什么不可逾越的识读鸿沟,如果有,也就是一条小沟沟,原本一步就可以跨越的。因为毕竟繁简的流变以及传续关系,从文字本身来说,是一脉相承的。虽然所谓的"六书"并不是汉字创造之始的原则,但确是汉字发展过程中的一项重要原则。而绝大多数的简化字也是符合这一原则的。正因如此,在简化字的一些会意字里,这个原则得到了很好的贯彻。因而可以说,汉字的简化字与繁体字间,原本就是"血缘"上的关系,并无任何错乱和杂糅。

一位移居美国多年,且在美国媒体行业任职的孙卫东先生在他的博客里写道:"通过简体字认识繁体字或通过繁体字认识简体字的难度并不大"。孙先生以其在美国对中文教学情况的了解,告诉大家:"美国的华文媒体大都是繁体字,来自大陆的移民看并无太大问题;反之,来自港台地区的移民看简体字的报刊或网站,也很快会适应。"孙先生因此认为,生活在各个不同地区的人"完全可以同时熟练运用简、繁体字"。(http://sunweichi.blshe.com/post/5079/346916)

这就是当前在校大、中学生们对过分解读所谓的繁体字与简体字识读难以逾越的一种反驳。在他们看来,太过强调"繁体字才是文化的正本,繁体字才守住了中华文化的根",都不是一种理性之论。

"认识简体字,顺着也就认识繁体字了,原本就没有这么难的",一位尚在杭州师范大学钱江学院新闻主持专业学习的屠静同学这么说。

屠静同学的说法不是没有道理的。认为繁体字是如何伟大需要精心守护,简体字丢掉了传统而应该废除,这不能不说是个伪命题。难道只有繁体字在继承文化?新中国成立后,多少典籍不都是用简体字排印的吗?难道简体字排印的文献就不是文献?先且不管大陆用简体字的人群是不是读得懂古籍,就算是读不懂,难道这也是简体字的错?台湾也好,香港也罢,都是繁体字使用区,是不是使用了繁体字就一定能读懂古籍了呢?

回答不会太肯定。

使用的是繁体字或简体字与读不读得懂古籍,这本来就是两回事。而如果读不懂古籍,千万别错怪简体字。——这是北京大学苏培成教授的观点。

苏教授有这么一个设问:"不认识繁体字是不是就没法继承传统文化了呢?"他接着说:"从这个角度看是对的,书都念不懂,还继承什么?可是反过来,还要再深入考虑一层,你认识繁体字是不是就能读懂古书?是不是就能继承传统文化?这里的问题很复杂。传统的古书,用的是古代汉语,它记录的语言是古人的语言,古汉语和现代汉语有很大的差别。不管是语音、词汇还是语法上。不是任何认识繁体字的人直接拿古书就能念。我们北大给学生开古汉语课,最少要给学生讲一年的课,有的时候要讲一年半或者两年,学生还做作业、做练习,慢慢地才具备了初步的阅读文言文古书的能力。"(《做客人民网解读"汉字进入简化字时代"》)

——这就是事实,所以说,读不读得懂古籍,与用的是繁体或简体关系不大。

复旦大学中国历史地理研究中心教授、博士生导师姚大力认为,把现代人看不懂古籍归因于简体字,继而认为简体字不利于传承中华文化,显然是怪错了对象。"因为,繁体字绝不是今人阅读汉文古代典籍的唯一障碍。古代书面汉语直书左行的书写形式,以及书面古汉语的语法,都与现代书面汉语很不一样。比起结构复杂的繁体字,语法以及书面形式才是古代汉语与现代汉语之间存在隔膜的主要原因。"(人民网:《沪上学者不认同全面恢复使用繁体字》。http://culture.people.com.cn/GB/8961931.html)

图92 读不读得懂古籍,与繁体简体没有太大关系。

——这样的学者之论,希望能让"复繁"论者有一个冷思考:"复繁"的意义不可以太夸大,"比起结构复杂的繁体字,语法以及书面形式才是古代汉语与现代汉语之间存在隔膜的主要原因"。

上面说到从简体到繁体本没有想象的那么难,不存在所谓的不认识繁体字就丢了根的问题,更不存在简体字印制的古籍文献就不是文献的问题。所以,在一些主张废简复繁的人的观点中的所谓命题,不过是一些似是而非的东西,很大程度上就是些伪命题。

由简入繁并不十分可怕,那么由繁入简呢?

这只有由使用繁体字片区的人平心而论了,相信真的假不了,假的真不了。如果在繁体字使用区对于简化字没有特别的成见的话,相信到了大陆也会如鱼得水,自由自在的。因为所有到过大陆的人,没有一个会说沟通不方便,认读(汉字)有麻烦的。这一点,有谁会举出反证吗?

上文已有多次提及台湾、香港、澳门等地民众的感受,此处不多述,读者诸君当有自己的判断。

八 怪可怜见的，这字儿负荷也忒沉了点儿！

这句话有点像《红楼梦》里老祖母的话。是的，是模仿了老太太的语调说事的。因为，汉字的负担确实重了一些，需得有老祖母慈祥的呵护才好，不然咱们的先祖们留下的那些个宝贝字儿真要给压坏了。

为何有此问题呢？严重到需要"老祖母"出来呵护的程度吗？

这当然是今天网络式的"关切"了，你说老太太说话能管个什么用呢？但是，也不得不说说汉字的额外一些负担了。

咱们的汉字，从产生那一天开始，它就只是作为一种工具——一种书写的工具而存在的。至于历朝历代的人们运用它做了另外的一些事，诸如"一字成谶"的东西，那不是文字本身的。如著名的"亡秦者，胡也"算是千古流传的所谓应验之谶。

最荒唐的，要算广为人知的《三国志》和《三国演义》所记录的东汉末年流行的那句谶语"代汉者，当涂高也"。大意是"汉王朝气数已尽，注定要有新的王朝代替它，而代替它的便是'当涂高'"。"当涂高"这二个字意思隐晦，像是哑谜。那么，谁是"当涂高"呢，于是有人费尽心思去猜测，弄出了一幕幕荒唐之极的闹剧。

首先认为自己就是"当涂高"的人是那个无才寡德而又自命不凡的袁术，自认为天命将落于己身了。袁术为什么有这般的想法呢？他的解读是，认为汉代的火德已衰，代火的应该是土德，而自己姓袁，"袁"上有

"土"，所以，他正是土德的代表者。此其一。同时他又认为自己名"术"，术者，城邑之路也，而他又别字公路，所以谶语的"当涂高"非他莫属了。此其二。于是，这位自认的天命代汉者，在献帝建安二年，便在寿春正式做起皇帝来。

一个人对所谓的谶言符语迷信到如此程度，当然便只有失败的结局。而袁术失败后，又有第二个捡起了这句破烂谶语做起了皇帝梦，这人就是曹丕。建安二十五年，曹丕认为篡汉的时机已经成熟，于是有个叫许芝的太史丞，就相机引用谶语，胡诌了一通"当涂高者，魏也；象魏者，两观阙是也。当道而高大者，魏，魏当代汉"。许芝的这通胡言，是将身边的物事，曲意的解释了一通。原来古代的宫殿祠庙前面通常都建有两个高大的台，台上又有楼观，在两台中间留个空阙的地方，这种建筑就叫做阙或双阙。许芝说，"当涂而高"，正是指的这个东西。而这东西的另一种叫法是"象魏"。于是就证明"以魏代汉"，正所谓"天意"。——这就是所谓的谶语应验之说。

说白了，所谓"天意"也就是藏之于阴影处的"人意"。写在木头上纸片上的字是死的，人的嘴是活的，况且这些所谓的"谶语"也就是人弄出来的，不过都是借助于文字这个东西罢了。

人们用文字书写了这个那个的"神咒"或是谶语，文字作为工具，它的任务就完成了，如此而已。如果赋予它另外的神力或是暗示，那一定不是文字本身。

它也没有这个力量。

传说中的仓颉造字，天雨粟，夜鬼哭，其哭，也并非哭文字有了什么样的鬼神功夫或天意承载，而是感叹于人类社会由"结绳"而进入"书契"了,这个动作太大了。所以,"鬼"也感到自己该退位了,得让位于人(的文字这玩意儿)了。"之所以有'天雨粟,夜鬼哭'之说,恐怕与先民震慑于无与伦比的文字创造所闪烁出来的物质与精神、当下与永恒的神奇融合(天人合一)的神秘紧密相关。"所以,文字的产生使"造化不能藏其秘","灵怪不能遁其形",一切都因神秘的文字而彰显,一切都因文字的创造而锲进永恒的历史缝隙。(王岳川:《汉字功过论》)

这就是我们使用着的汉文字,作为一种工具,它记录了历史,使得"造化不能藏其秘","灵怪不能遁其形"。但它也就是个工具而已。

应该说,这个唯物的东西,近代以来,不会有人再在其上作什么别样的猜想了,比如再重复一下明末农民起义领袖的办法,在某个山塘田坎下埋上个"十八子,主神器"一类的牌牌,说神祇已到,谶语应验了?

但可笑的是,还真有人在捡这个东西,说现在的简化字的使用,也有了一字成谶的应验了。这样的附会,实在看不出多有"科技含量"。

从这个角度看问题的不止一位,持同样方式思考汉字简化问题的还有那么一位两位:

"進"。再看"進"这个字,"進"的甲骨文,右上是佳,佳就是鸟,一只鸟在往上飞,左上是道路,底下是一只脚。意思是一个人在路上,往上走、往前走,快得像鸟飞。这当然是进步。简体的"进",旁边是走,是快走的意

图93 曹操家族墓砖上刻有"苍天已死"字样。

思,可惜不是往上走,而是走入井里,走入陷阱。(YUANZHOULVPAI:《不用繁体字的十大理由和不用简体字的无数理由》)

　　作者解释了"进"字的谶语预示后,更是洋洋洒洒起来,又来了个对于"恋"字的解释,竟也神采飞扬,不妨整段引用于此,奇文共赏:

　　"戀"。再看"戀"这个字,现代人男女老少都喜欢恋爱,却不懂恋爱,失恋了就要杀人或自杀。所以常有人问我,古人造这个"戀"字,左右各放了一条绳子,是不是准备恋爱失败时,一人一条?古人温柔敦厚,你看古人多可爱,"上山采蘼芜,下山逢故夫,长跪问故夫,新人复何如"。被丈夫休掉的弃妇,在山路上碰到负心的丈夫,不但没有仇人相见分外眼红,还关心地问新娶的太太还好吗?"戀"字这两条绳子不是拿来套脖子的,是来拴住对方的心的。恋爱的心是什么心呢?"晴时多云偶阵雨,

图94　亡秦者,胡也。信鬼神的秦始皇以为谶语所指胡人。

来时无踪去时无觅处"。很难很难把握，所以有人砸下黄金、钻石、金屋、美钞，来拴住芳心，当然有效，但遇到别人加码，往往人财两失。古人心中的"恋"不是这样的，"戀"字中间这个"言"，甜言蜜语，才是恋爱的主角。同样是爱，谈恋爱、谈情说爱，"谈"和"做"就不同。恋爱的热度和手机的账单成正比。如果账单少了，你就要准备拜拜或结婚了。"戀"字，古人要告诉我们，闲也好忙也好，恋爱要不断地谈，你侬我侬，情话绵绵，才能像两条绳子紧紧拴住对方的心，只有一条还怕拴不紧呢！

简体字的恋是什么含义呢？亦是腋的本字。亦就是腋下，就是胳肢窝，这和恋爱有什么关系呢？（http://blog.ifeng.com/article/72062.html）

把"恋"字的简体如此戏谑一番，如果这位知识渊博的YUANZHOULVPAI先生翻阅一下明朝万历年间印行的《字汇》，不知会不会脸红一下呢？（见图95）

前者多附和，此处加戏说。平心而论，平时工作忙了，调侃一下，也算是一种机智与幽默。只是，如果将其放到《不用繁体字的十大理由和不用简体字的无数理由》这样的文章中来，得了您，这还是在说文解字吗？

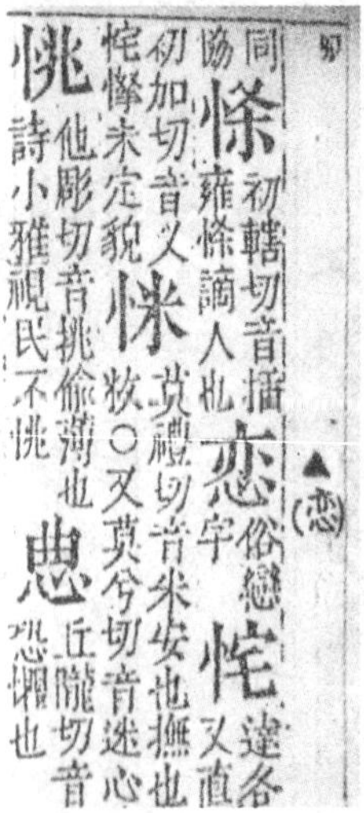

这且罢了，更有那么几个人总在念叨说，大陆使用简体字，不利于中华民族的统一！似乎台湾至今未与大陆统一，是因为大陆没有像台湾一样，使用繁体字的原因。

比如，王干先生就认为，简体字给古代文化典籍带来伤害，废除简体字，有利于海

图95 《字汇》中的"恋"字。

峡两岸的统一。因为台湾、很多海外华人至今仍使用非简体字。(黎阳：《恢复繁体字——说得出的理由和说不出的理由》。http://www.wyzxsx.com/Article/Class4/200803/33998.html)

如果不是说气话,这样的观点实在不敢恭维。

对这种说法,王金平在他的博客里心平气和地说：毋庸讳言,繁体字是中国文化的根脉之一。但它如同古文字一样,最适合一部分学者去搞研究,毕竟文字只是一种表达和记录语言的工具,(如果)非要赋予它"国家统一和民族兴旺"的伟大历史意义,不免显得牵强附会。

至于将繁简字与台湾问题挂钩的说法,这里我们不妨听听一位学者的说法：

文字只是书写工具,跟政治没有关系。两岸统一,统一的是主权,不是文字,甚至可以不是语言。香港使用繁体字,通行广东话、英语,澳门更厉害,使用繁体字,通行广东话、英语之外,还有葡萄牙语。但是,这两个地方不都于1997年、1999年先后顺利地回归祖国了吗？

两岸说的都是普通话,统一谈判,根本不需要翻译。文字统一当然更好,更方便,更体面。但是,不统一也没有丁点儿关系,文化交流不是早就已经照常进行了吗？一国两制都可以,一国两字更不在话下。台湾的"官方"语言,除了使用高山族话,否则都跟大陆的语言血脉相连,闽南话、客家话,老家都在福建、广东等省。如果统一需要语言帮忙,到时候派一些福建人、广东人过去就搞定了。

国家统一,讲的是国力、军事。实力足够,军事强大,汉武帝可以荡平突厥,唐太宗可以做天可汗,英国可以称日不落帝国,美国可以全球设军事基地。统一两岸,靠的也是国力；靠繁体字,痴人说梦罢了。(丁启阵:

137

《"复繁派"论点批判》，载澳门《九鼎》，2009年第4期）

还有一种说法，那显然不是在讲文字，是借助于文字讲"政治"了。一位网名叫"暮鸦"的作者在《华字的简化之殇》一文中，讲了很多的文字不能承受之重的话，认为汉字的简化，无贡献可言，只有反贡献。该文过长，这里只引与国家统一的话题于此——

简化字的继续在使用，就是个极为明显的例子。在《语言文字法》出台后，竟然又出现了新的利益集团，靠着对本不违法的用字罚款来确立简化字的地位，则两岸三地的文字鸿沟（也包括海外的新侨、老侨的文字鸿沟），会因为这个法理不足的法案，进一步地加深。不得不说，这种"南辕北辙"的改革，是不断造成新的不受约束的利益集团，致使民间的活力更被卡死，要比不改革可能更为糟糕。这，其实也阻碍了大陆对香港、台湾两地学术、文化的交流和了解。对比当初东西德国、南北也门的合并，它们在文字上并没有分裂，所以统一的进程是很顺利的。而与两岸三地的分治类似的半岛，也有事实上的文字分裂。朝鲜是已经彻底地把汉字教育取消了的，而韩国依旧是保留了汉字教育（当然了，仍是正体字，而不是简化字），也有一个不大不小的文字鸿沟。

在将来的东亚文化圈中，大陆、朝鲜，将会处于一个很不利的文化、教育低位状态。很可能不得不先依靠这些更为开放（而文字上即是略保守的）地区的迎接引入，方能逐渐地和世界相接轨。而这两地，怕有更加麻烦的全民重新学习的新困境。到那时，官方现在的顽固态度，会使其官僚们也会处在很不利的文化低位上，则原有的"威权"已经难以维持，新的威权又建立不起来，过渡期就很可能是一片混乱。（http://bbs.zdic.net/thread-124687-1-1.html）

哎呀呀，真是可怕极了的一种前景啊。

有什么办法解决这个黑暗的前途吗？有，那就是赶快回到繁体字去。

这不免让人想到，老祖宗的东西，原本就是半点儿也动弹不得的；"九斤老太"，原来就是伟大的老太太啊！

无语！

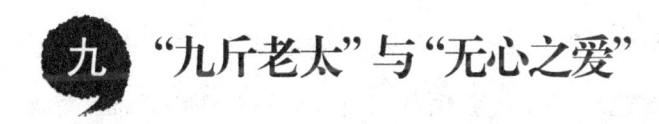

九　"九斤老太"与"无心之爱"

"九斤老太"是鲁迅短篇小说《风波》中的人物，这位老太太总是抱怨着，觉得一代不如一代，觉得什么都是原来的好。"九斤老太自从庆祝了五十大寿以后，便渐渐的变了不平家，常说伊年青的时候，天气没有现在这般热，豆子也没有现在这般硬：总之现在的时世是不对了。"

九斤老太是不是又复活了呢？认为如今的文字，比起老祖宗的东西来，字的笔画是越来越少，眼见着就没有了先前的那种神韵，那种富态。字形也不优美了，对称性也乱了，表音功能也丧失了，识别性也降低了，稳定性也没有了，"文字生态"也给扰乱了，古文化密码也丢失了，连国家统一都给破坏了，落下一身的后遗症了……

这哪是九斤老太啊，敢情比十斤老太都厉害。

图96　影视作品中的"九斤老太"造型。

在所有废简复繁的主张中，概括起来，还

真有"九斤老太"的话语特点。我们作了一个粗浅的概括，说来说去，也就是下面的这些说道。无非是历数简体字的"罪状"，竟至于用起"代汉者，当涂高也"或"十八子，主神器"一类的招儿。

在上面的文字中，我们已经引用过一些了，但为了完整，还是复引于此。因为这个说法的新颖和"雷"人，现在已经认定汉字有谶语的功能了——

这个发明权得交给上海的文化学者朱大可先生。朱先生是一位很有才气的批评家。他有感于一些简体字笔画简省带来的形态变化，认可"一字成谶"的道理，说简体字不仅仅是个笔画不当的减省问题，而是已经具有了"意外地暴露出某种社会预言的特异功能"。下面是他对于两个"简体"字密码的发现：

"'陸'的叠土形被改为'击'而成'陆'，恰好象征着多年来人们互相攻击的阶级斗争怪象；'愛'字惨遭剜'心'之痛，成了社会日益'爱而无心'的深刻谶语。这种状况在消费时代并未获得改善，反而变本加厉起来。简体汉字犹如精密的寓言，预见了社会道德状态的剧变。"（《文化复苏当从汉字起步》）

一开始看到这个说法在网上风传，不知道这个"爱而无心"的风源在哪里，反正那些反对使用简化字而主张恢复繁体字的人都喜欢用这个"爱"字来说事儿。原来却是朱先生的发明。这样诠释汉字，也挺好玩儿。正像上文（第二部分第八节）所引的YUANZHOULVPAI先生对于"进"与"恋"的解释一样，无非制造些话题，娱乐娱乐而已。以作者对朱先生的理解，估计他也就这么一说，只是因为朱先生在文化圈的话语权有些大，便有了很大的影响。这样，围绕着这个"爱有心"或"爱而无心"的故事，就有了很多的"跟帖"式的说法，不妨也引用于此。

"'无心之爱'的例子，只能说明一种文化的肤浅。在汉字演化的过程中，去掉了类似偏旁部首的例子多的是，无心又咋样？照此办理的话，'口'字是不是还要多画出个'牙'字来？无牙之口么，岂不更荒唐？甚而至于还要长舌头，也添上个舌头？岂有此理！"（大河网，李振中：《应该站在五千年历史之上看汉字演变》。地址：http://www.dahe.cn/XWZX/txsy/jrsp/t20090305_1499390.htm）

就"爱"的有"心"与无"心"，2009年5月20日，《光明日报》发表了费锦昌的一篇文章：《"爱"字需不需要"心"》。费文说话的能力要强过本书作者，固将全文大体刊用于此，也借此将话题完全展开——

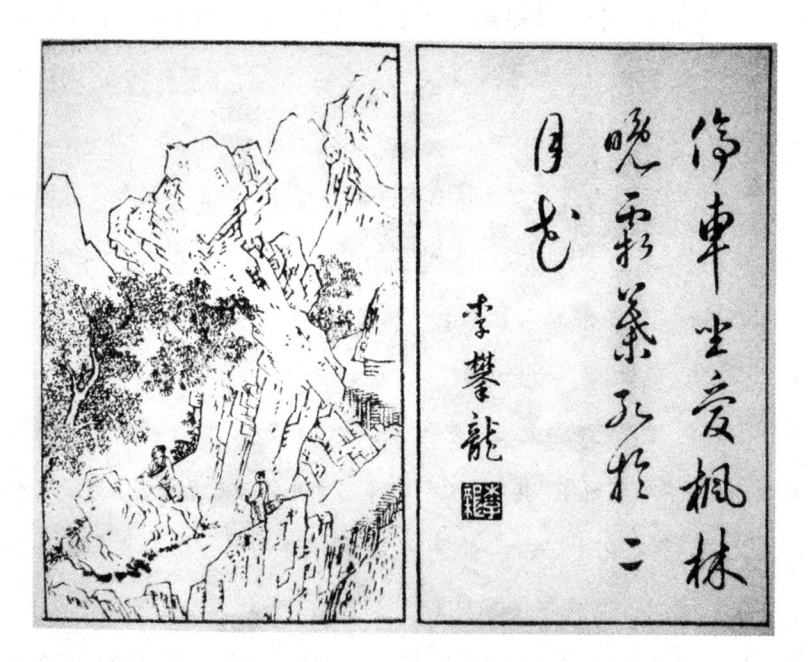

图97 "爱"字无心，历史久远着哩。这个"停车坐爱枫林晚"因行草的原因，也是个缺"心"之爱。

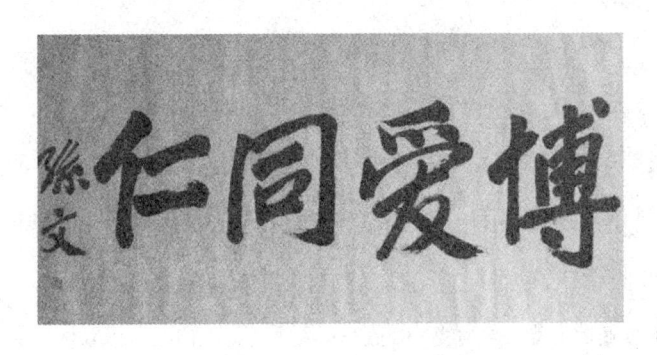

图98　网上流传的孙中山不带"心"的"爱"。

有人提出，只要恢复使用含有"心"部件的繁体字"愛"，废除减省"心"部件的简化字"爱"，社会公德水平就可以得到大幅提升，理由是"从'愛'到'爱'的转型，正是'心'和'灵魂'大步沦丧的象征"。于是，繁体字"愛"因为有个"心"部件，被打扮成提升社会爱心的圣主，而简化字"爱"由于减省了"心"部件，被判定为社会道德水准下降的祸首。用现在年轻人常用的说法，这样评说"愛""爱"两个字形是不是太夸张了？

中国老百姓因为长期生活在汉字的海洋里，尽管多数人没有学过汉字学，但许多人都有自己的文字观，其中一个基本观念就是汉字是象形表意文字，字字都应该有造字的精意。于是"安装"常被错写成"按装"，因为"安装"是要用手的；"包子"也被误写为"饱子"，因为"包子"是食品，可以吃的。由此可见，"爱"字的有"心"无"心"会引起格外关注，也就不难理解了。其实，汉字已有几千年的演变历史，字形经过隶变的改造，字义经过"假借"的异化，原先造字的精意已经丧失太多太多。早年，著名语言文字学家刘复就曾说过："若说简笔字不合于六书，则太阳并不是方的（'日'），狗并不是两条腿（'犬'），试问楷书之合于六书者安在？"其实，根据后来的字形去考释原来造字的精意是一件很不容易做好的事情……据《说文解字》可知,繁体"愛"并不是表示"仁爱"义的本字。"愛"字的原意是"行貌",即行走的样子。上半部是表示读音的声符,下半部的"夊"才是表示该字意义的意符(音suī,慢步行走的样子)。后来这个形声字被借来记录"仁爱"义,并流行开来。由此可见,"心"在假借字"愛"中只是标注读音的声符的一个部分而已。对于热衷追求造字精意的人来说,许老先生的说解可能扫了他们的兴致。但说真的,在没有弄明白"心"在字形"愛"中的身份和作用的情况下,就来大谈"有'心'之'愛'"和"无'心'之'爱'",并执意要上升到"汉字的科学性"的高度,确实是要冒着闹笑话的风险的。北京大学苏培成教授曾举出"喜、怒、哀、乐(樂)"四个字,证明表达感情的字,在字形上,不一定都要有"心"。如果一定要追求造字的精意,平心而论,减省"心"部件的"爱"倒是简化字中改造得比较好的一个字形。它既保留了繁体"愛"的轮廓,又用常用字"友"来代替繁体字形中容易写错的那个部分,而"友"记录的是"友爱""友好""友情""友谊"等与"爱"义紧密相关的词语。而且,"友"的古字形画的是相互帮衬的两只手,这该是一幅多么富有爱心的图画。又据查,省"心"换"友"的简化字形"爱",它最早出现在元代的《京本通俗小说》中。那位断言"从'愛'到'爱'的转型,正是'心'和'灵魂'大步沦丧的象征"的朋友,看来只能到元代去寻找"沦丧"的元凶了。

说到底,无论是繁体字"愛"还是简化字"爱",它们终究只是文字符号,只是一种记录信息和传承文化的工具,似乎不必从中演绎出这么多深奥的大道理来的……(http://news.xinhuanet.com/comments/2009-05/20/content)

图99　毛泽东所书写的"爱"字，那绝对是有"心"的。

为了不让本书的读者朋友认为《汉字最近有点儿烦》的作者是一个文抄公，也顺便找了些资料来参与"爱有心"或"爱而无心"的话题。算是一个姿态。

但蒋先生有时候也不带"心"，正像毛泽东有时候书写起来也不带"心"一样。

在孙中山的题字作品中，有关"博爱"的作品有十多幅，唯有收藏在艺兰斋美术馆的这一幅藏品用的是简体写法的"爱"（图98）。有关它的真伪，不是本文要论证的话题，一个做假的人大概不会低智到做一个"新中国的简体字"去加到孙中山先生的头上的。所以，估计应该出自中山先生之手或有可信处。

看了这几位世纪名人的书法作品，对于"爱"字的书写，他们或者"有心"，或者"无心"，如果仅仅凭了这个字，我们怎么去判断他们此刻"爱而有心"还是"爱而无心"呢？

快，古代指"喜"也，现留存于"大快人心"等词语中。现代"快"指速度高，与"心"有何干系？所以，看来玩这样的拆字游戏，不可多玩，

图100　蒋介石不带"心"的"爱"字。

玩一个两个也就罢了,玩多了,终归会流于无趣,也就不好玩了。

我们如果真要爱惜老祖宗留下的汉文字,就不要这样去折腾它了,折腾太多,字儿像人一样,也会累……

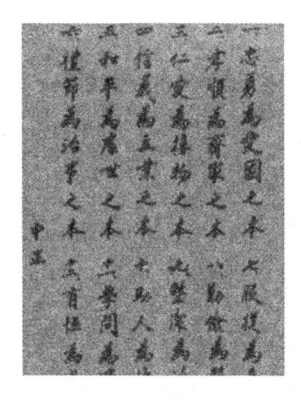

图101 蒋介石书写的"爱"字也常带"心"。

繁与简的是是非非

第三部分

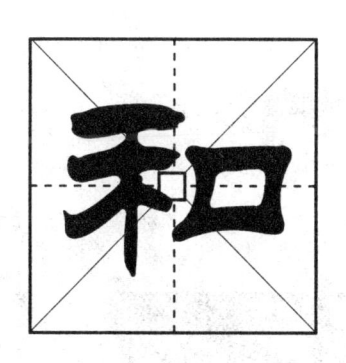

和

查"和"字的解释，是一件有意思的事。如果你查"禾"部，肯定失望，得从"口"部进入，方能找得到这个字的隐居之地。

这就对了，《说文解字》说，"和，相应也。从口，禾声。"说明这个字的主要义项是与"口"有关的。《易·中孚》："鸣鹤在阴，其子和之。"——说的是和谐地跟着唱；《后汉书·黄琼传》："阳春之曲，和者必寡。"——和，伴奏。所以，在"和"的义项中，就有"和谐"、"适中"、"喜悦"、"和顺"、"和睦"、"和解"、"和暖"等等意义。

图102　任继愈先生为2008年汉语盘点活动写的"和"字。

"和"之从口，便指所有的争论，虽是由"口"引起，但也可达至"和"的结局。这样的道理，同样可以延至目前对于汉字的论争。尽管就汉字的繁简之争，各位有过上文激烈之辩，但统其一点，均是出于对汉字的热爱，只是表达的方式不同，只是用一种什么样的心态去看繁简的得失罢了。

汉字是一种古老的文字。从发生学的角度观照，文字发生的背后，一定有着一段古老的、令人回肠荡气的文明辉煌。不管是古埃及的象形文字，还是古巴比伦的楔形文字，或者古印度的哈拉巴文字，以及华夏民族古老的汉文字。它标示着四大古文明的昨日。而唯一没有失落的恰恰是东方文明，恰恰是东方中国的古老汉字。

这就够了，难道我们不应该为此感到自豪吗？

我们所要做的一切，就是怎样使这种文明继续发扬光大；我们所要做的，就是使这种传递文明薪火的古老工具更尽其职，造福于创造这种文字的祖先们的后代，福荫他的子民子孙。

因此，我们需要智慧，需要在一种"和"的精神下，来讨论我们汉字的现在与明天。讨论它的过去，是为了更好地把明天的事做好。而做好明天的事，就需要我们现在所从事的与相关的论证更科学、更理性。正在和平崛起的中华民族，已经赢来了最好的发展时期，我们需要智慧，我们需要理性，我们的民族需要在和谐的阳光下，轻松地往前走。

我们可以花一些时间，打量阳光下行走着的我们的步履与姿势，需要有理性的声音指点我们前行的方向。但往前走，那才是唯一。

汉文字，从我们的先祖创造出来的那一刻起，它就注定了要陪着我们走向永远，即使面临了重重的关山阻隔，它也义无反顾地与我们一路前行。曾经，它有些沉，沉得他的子孙们都难于认识它；曾经，它有些华富，华富得连书家也只得取其笔意，演绎其形。但汉字是一个具有自行修正能力的文字系统，它可以去繁就简，它可以转注假借。它体内所具有的强大的繁殖率（形声与会意字）使自己在不断繁衍壮大的同时，又减轻重负，华丽转身。正所谓"删繁就简三秋树，领异标新二月花"——这就是我们伟大汉字的创造与创新的力量与魅力所在。

看不到这些，我们就会在弯路面前犹豫、徘徊，就会因兴趣的丧失与尊重的缺失而心不在焉。如果我们不能以一种历史的眼光来看待汉字繁简变化的结果，不能接受这种先后有着数十亿人民熟悉的新的形体，那我们势必会在回头路上有新的耽搁。

有些争论，本也无大碍，倘若心平了气顺了，我们不妨来这么几个"假如"——假如我们不使用今天的简体字，一切的一切，将会是一个什么样的结果呢？

……

一 假如没有简体字，我们会有多少文盲？

用一个"假如"开启下面的文字，多少有些冒险。

但这个"假如"也不是没有意义。

真的，假如我们现在按照一些文化学者所言，废除简体字，恢复使用繁体字，将会面临着一个什么样的结果呢？

历史的春花会对我们重新开放？时间会特别为我们多作十年的停留？或者海峡两岸也因此相逢一笑，鼓浪屿的岩头上，喝着一杯高山茶或铁观音，坐话桑麻？

作为一种梦想，应该可以，因为谁会去限制梦想人的梦里自由呢？但作为现实，这未免有些离奇。

"假如"的假设，一定要基于现实的设定。

假如我们当初不是大胆进行文字改革，收集人民群众对汉字减省的智慧，收集历代汉字简化的成果，毅然而理性地实行汉字笔画减省的方案，我们这块土地上生活着的人们，将会因此有多少人徘徊在文字的大门之外呢？

在上面的各章节里，我们用了大量的图片，表现了广大人民群众对于识字、读书的渴望，表现了他们自觉地将汉字进行简化的创新冲动。也通过文字，展现了先贤们是如何地顺应劳动大众的想法，身体力行地去进行着汉字简化的具体工作。

有的人总在误导，似乎汉字的改革全是因为中国共产党执政后为适应政治需要而作的一种"有意识"的文字运动，目的是割断中华文化。我们先且不管这种说法是不是有着其他方面的意义，但至少这样看问题是不科学的，不能算是站在事实基础上的言论。

正像一位网友不无幽默地说的，把简化字的功劳全堆在共产党的身上，那是太抬爱他了。虽然本书作者并不接受这种调侃的方式，但是，汉字的简化确实不是共产党执政后的事。

就是在共产党执政后，台湾的国民党也还在做着简化汉字的梦。1952年秋，蒋介石在一次国民党宣传会议上再次提出文字改革，说"我们的汉字笔画太多，士兵教育困难，学

图103　上个世纪20年代出版的《文学月刊》。

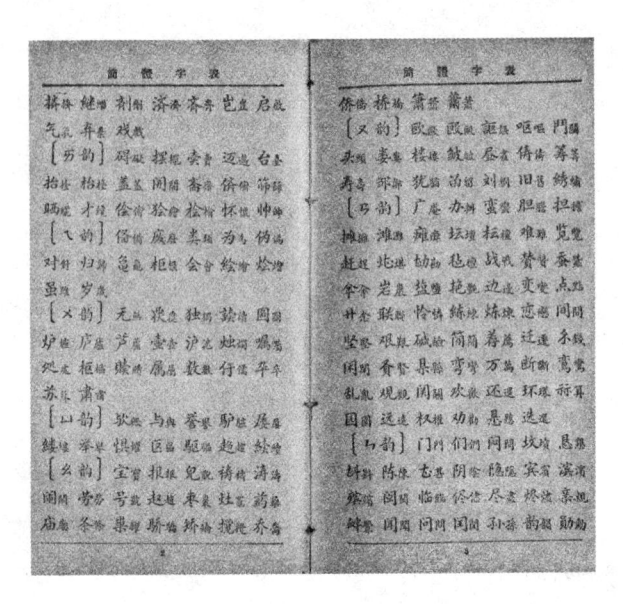

图104 国民政府上个世纪30年代所公布的《简体字表》之二、三页。

生学习难度也太大，我觉得汉字还是应作适度的简化"，并指示"考试院""副院长"罗家伦等造舆论定方案。

只是由于台湾当局中守旧人士过多，就在蒋介石推动简化汉字时，有学者胡秋原跳将出来，明言誓死捍卫繁体尊容。胡的主张得到台湾文学界和史学界部分人的支持，他们利用"立法院"这个讲坛，把提倡汉字简化的罗家伦作为靶子，进行猛烈抨击，也就是所谓借力打力，隔山擂鼓。见社会上不断有人反对文字改革，蒋介石感到此事阻力太大，恐一时难以施行，便不再提简化汉字的事了。汉文字的简化工作这才在台湾地区正式搁置。

也就是说，无论是退居台湾的国民党，还是在大陆执政的共产党人，在坚持文字改革，实行汉字简化上，一直都是有着"统一战线"的。正如上面（图103）的《文学月刊》一样。这份创办于民国二十六年十一月一日,即1937年11月1日的杂志,在创刊号的"编后"里就说得清清楚楚,这是一个统一战线的刊物,国难当头,无论何党何派,面对抗日,要"有一致的阵营和一致的态度"。

同样,他们"一致的态度"也表现在汉字的简化上。无论繁简,取其方便:方便大众阅读,方便主义传播。这份杂志是当时的一些文化名流如张天翼、曹禺、朱自清、熊佛西、黎锦熙、陈铨等人创办于长沙的。他们以其对于简体字的运用所要倡导的,就是让更多的人能接受新的简体字,从而接受新的思想。而此前在上海由现代书局出版的黎锦晖的歌曲集《甜蜜的梦》,他们也尽量地使用大多数人能接受的简体字印行。

我们举这两个例子出来,是想证明一下,本书在上两篇里都是使用延安时期的"简体字"样本的,但20世纪30年代的上海和长沙,不能说是共产党为主导影响的大都市吧,但人们一样地在使用着简体字。因为,这

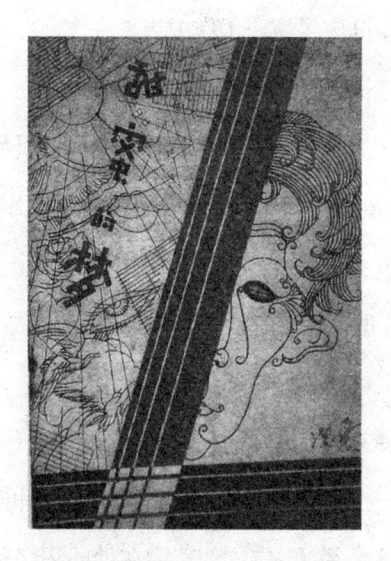

图105　上个世纪30年代在上海出版的黎锦晖歌曲集
　　　　《甜蜜的梦》,坚持使用简体的"梦"字。

种已经在大众中习用了的简体字，人们乐于接受，也便于阅读。编者们这才有了去繁就简的选择。

当然，你也可以提出，人家办刊的、出版的也许根本就没有你所写的那样，是什么主动地"尽量让更多的人阅读"，而只是随意地拈了一个字，做成了杂志或者图书的封面——事情就是这么简单。

是的，我也不反对这种质疑。但这不恰恰就说明了简体字已经是民间普遍使用的一种文字吗？以至于知识分子的这帮艺术工作者都乐意且"随意地拈了"这种简体字！

难道不是这样吗？

所以，如果坚持要把汉字的简化归"罪"于共产党政权，我看，这只能说明，是这个党和他所领导的精英，顺着最广大的人民群众的意愿，庄严地承接了汉字简化的重托，系统地进行了这方面的收集和整理工作，并在合适的时候，推广了这一工作成果。

毫无疑问，这是一个伟大的"工作成果"！

汉字民间简化字的收集，确实从延安时期便开始了。

毛泽东很看重这一项工作，他之所以注重汉字的简化，是因为他始终认为，中华民族要真正挺立起来，一定要让这个民族的大多数人掌握知识，具有文化。他说，没有文化的军队，是没有战斗力的军队。而要掌握知识，要具有文化，就必须从识字开始。

也许，从毛泽东过往的经历中也可以找到一些因由。比如还在他很小的时候，因为一桩本可以完全胜诉的官司，只因他的父亲不识字，而生生地败了诉讼，这个经历，应该一直留在他的记忆里。所以，当他有一些权力可以影响到他人的时候，主张让更多的人识字读书，就成了他的一

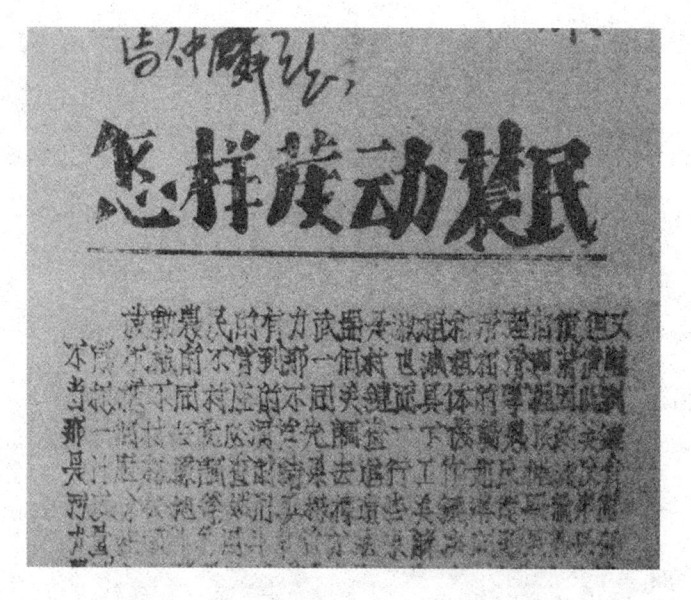

图106　太行山区的宣传品，尽量用简体字。

种主张。

但不能由此说，新中国的汉字改革与他小时候的特有经历有关。而真正的原因是：新政府认识到，只有广大的人民群众迅速脱盲，国家的建设与发展，才有基础，才会更快，民族的独立与兴旺才有可能。

正是在这个高度上，才有了对汉字简化工作的重视，才有了新中国成立后迅速成立的相关机构的安排。

"让广大的人民群众尽快脱盲"，对这样的工作主张，是永远都要表示敬意的！

回首往事，我们知道，在中国共产党人领导的根据地，对军民的识字教育是抓得很紧的。在中央苏区，大力开展以扫除文盲为目的的识字运动，设立"消灭文盲协会"，创立夜校、补习学校、冬学、识字班、问字所、识字牌、识字岗等多种扫盲教育形式，取得了很大的成绩。很多人通过这种方式,脱盲了,识字了,并成为新中国的第一批文化干部。

但是,即使采取多种尝试,并做了大量的工作,在天安门高鸣28响礼炮表示新的国家成立时,全国仍有3.2亿的人口是文盲,文盲率竟达到80%强。这个数字,在当时的世界,很少国家能有如此比例。

为此,在中华人民共和国成立的最初时期,1949年12月5日,教育部就发布了《关于开展1949年冬学工作的指示》,规定"冬学文化教育的内容应当以识字为主……应当在冬学中有计划地建立识字组、读报组等类经常性组织",(同上,第288-289页)同时还规定了识字教材的编写与教师的配备等问题。可见当时的领导集团对于工农大众识字教育的高度重视。

延安识字教育的一大心得是,汉字的书写太过繁难,认读也因笔画的繁复而感到困难。于是,中央政府下决心对于汉字的繁难问题成立相应机构,系统研究,拿出解决办法。所谓解决办法,无非就是在收集民智、理清各代流行的简体字基础上拿出解决办法。这样,1950年教育部社会教育司便编制了《常用简体字登记表》,并且以此为基础,经过征求意见,于1951年拟出《第一批简体字表》,收录简体字555个。次年的2月5日,中国文字改革研究委员会正式成立,在《第一批简体字表》的基础上,经过反复研究和多方听取意见,于1954年底拟出《汉字简化方案(草案)》,拟提交国务院讨论。

我们重新看待过去所做的工作时就会发现,文字改革委员会的同志们对于这一项涉及民族书写符号变化的谨慎与细心。这个草案共分三个部分,1.《798个汉字简化表草案》,2.《拟废除的400个异体字表草案》,3.《汉字偏旁手写简化表草案》。这个《汉字简化方案(草案)》从1954年拟出，到1956年1月31日《人民日报》正式公布，前后又有反复的修订。公布时对于《汉字简化方案（草案）》的三个字表的规定是：第一表有简化字230个，这部分字经过大部分报刊试用，公布后即可正式使用。第二表有简化字285个。第三表是54个可类推的简化偏旁。而第二、第三这两个字表先试用两个月，经过修正后再正式推行。后来经过试用，确有3个简化偏旁作了修改。（资源数据见：杨润陆的《现代汉字学》，北京师范大学出版社，2008年，78页）

所有这些，都是针对汉字的书写繁难问题采取的谨慎的办法。

如果没有新中国成立后对于识字教育的大力推行，没有与之相配套的汉字简化的方案，真不知我们的文盲现在有多少。（当然，简化字的效果不限于扫盲，对于识字的人而言，书写时节省了大量的时间，提高了阅读的清晰度。此处不说。）

有关文盲数据的统计，是一个流动的概念。三代人，到底会有多少文盲，真是难以统计。如上文所言，解放初期的人口总数是4亿左右，而当时的文盲率是80%，也就是说，3.2亿的人都是文盲！这个庞大的数字的背后，是中国教育落后、国家民族落后的一个真实生活图景。另据2005年教育部新闻发言人公布的该年年底的数字，我国人口有13.2亿，学生人数3.2亿，全国85%以上的地区普及了九年义务教育，基本上扫除了文盲。这中间，就包括了文字改革的巨大功劳。

二 假如否定简体字，我们该有何样的成本担当？

这个话题只能紧承上文而来。

由解放初期的80%的文盲，到共和国走过60周年后，文盲基本"消灭"，再到把这个立了大功的简化字给予否定，这已经不是一个数据统计的问题了，而是将要造成文化和教育上的多大混乱。

如果前面引述的某位文化人的"只认识简体字的人，对于繁体字的识读就是文盲"这样的言论有其合理性的话，那么，主张恢复繁体字，岂不是生生地要将几亿使用简体字的人往"文盲"的道路上驱赶吗？

我们能有什么样的力量扛起这份担当呢？

不说我们因此要付出怎样的时间和教育成本，仅仅从出版一项上，就可知废除简体字的想法是多么的幼稚和不近情理。

这里有一组数据，可以间接地让一些人清楚些许的道理。在面对这样的数据时，能反思一下"废简"的冲动——

图107 新中国的出版事业，一批年轻的出版人在北京图书展销会上。

以大陆用简体字出版的图书为例，从新中国成立，到"文革"的这17年间，前5年是用繁体字出版的，全国年人均图书不到1册；后12年是用简体字出版的，17年间图书品种增长了约一倍，图书社会供给量增加了7.8倍。以1965年为例，全国出版图书20143种，总印数21.71亿册。改革开放后，图书出版日益繁荣。据中国国家新闻出版总署发布的统计信息：我国图书品种已由1977年的12886种增长到2006年的23万种（2007年初步统计为27万种），图书印数由1977年的33.08亿册（张）到2006年的64.08亿册（张），期刊品种和印数由1977年的600余种、5.6亿册到2006年的9468种、28.52亿册，报纸品种和印数由1977年的200种、123.7亿份到2006年的1938种、424.52亿份，这个量级的变化，是绝对天文般的数字。而这一切，都是用简体字出版的。阅读者都是简体字使用者。（http://www.xj71.com/html/55/n-36255.html）

这期间，除了报纸和一般读物外，有着大量的古籍整理和文献出版。试想一下，如果废除简体，恢复使用繁体字，我们如何面对这么一组组的庞大数据，如何向历史交代？我们又会以什么样的心态面对着已经的投入和即将的新的投入？而处在"地球村"的世界各国发展都是争分夺秒的，我们将怎样面对所谓的50年和10年的重新学习和新的"扫盲"？

所以，《新京报》上一位署名拇姬的作者写道：

凡事都要考虑一下成本问题。对这些占据了文化高地的鼓吹者来说，繁简转化的工作是小问题，但对于虽然受过高等教育，却几乎没有接触过繁体字的人士，以及更为广大的未受过高等教育的人士来说，这样的工程就未免浩大了一些。对于其中的相当一部分人，再进行一轮识字教育不太现实。而要完全消除由此带来的阅读障碍，恐怕王干先生所说的"50年"时间是远远不够的。(http://www.thebeijingnews.com/comment/wenyu/1040/2008/03-04/011@112737.htm)

天涯社区一位网名为rat0817的作者对于"恢复繁体字"的"害处"作了几个设想：首先，会造成文化的混乱。几十年的所有文献、书籍、资料全部废除，媒体、政府、企业所有的文字资料全部更换，家庭、个人、社会所有的信息全部更新——这么馊的主意到底是谁想出来的？其次，会带来无可估量的经济损失。文字无处不在，全部更新需要多少钱？这些人是站着说话不腰疼，吃饱了撑的！再次，会造成社会的动荡。十几亿人都要从头学汉字？

最后，这位rat0817的作者说：如果复繁，则可能"会造成历史的倒退和文明的覆灭。拜托，现在是信息时代，计算机可没那么容易把整个虚拟存储的简体字自动变成繁体的。到时候出现的问题就是社会彻底死机！代表们你们负得起责吗？？？"

是的，这份担当，估计代表们要负责也难。

所以，就有关繁体字恢复，我们不妨多听听理性的声音，这样有利于廓清一些基本思路。明确如果我们否定简体字，将会有什么样的不堪担当之重——

一位叫yanhbz的作者是这样表述的，"恢复繁体字那将是一项多么巨大的工程啊！"他举例说："学生用的书本、字典的重新修订、随处可见的标牌、出版业印刷业许多与文字有关的行业等等，整个国家从上到下那将投入多少人力、物力和财力？这岂不是劳民伤财，没事找事？现在简体字已经客观存在了很多年，在人们的学习、生活中根深蒂固，并没有出现什么问题，突然要推倒重来，绝不是一件简单的事。恢复繁体字，请别

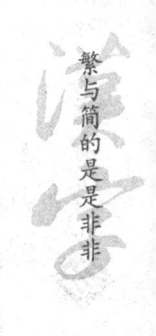

图108　小学生的识字课本又将重新制作。

瞎折腾啦!"

话有些粗,但理是细的。如果我们坚持要否认简体字,恢复繁体字,这一份的人力、财力之重,是我们不能承担的。

历史学家、复旦大学教授周振鹤从汉字演化史的角度提出自己的主张。他说:"要求全面恢复繁体字,那将是历史的倒退。因为简体字在创制过程中也综合应用了象形、形声、会意、指事等造字原则。现行简体字中包含了相当一部分俗体字,最早一批可以追溯到六朝。到了明朝,包括戏曲小说在内的很多流行书籍的刻板里,经常用到一些俗体字,其中很多字一直沿用至今。"

而且一些学者认为,如果恢复繁体字的使用,势必引发混乱。理由很简单,作为语言工具被广泛使用的汉字,关系着十多亿人的阅读习惯。记者樊丽萍在采访复旦大学中国历史地理研究中心,向包括姚大力先生在内的历史学家求教时,姚大力表明态度说:"恢复使用繁体字,非但不会让已经远离古籍的现代人重新爱上古籍,相反还可能带来更多的汉字不规范使用问题。例如,由于繁体字更为复杂的笔画结构,今后写错字和别字的人将大大增加。更有可能的是,一批好不容易通过基础教育而认识了简体字的普通人,会身陷人为的阅读障碍。"(http://news.163.com/09/0314/12/54C79C7L0001124J.html)

　　姚大力先生的这个观点,是应该引起我们所有"挺繁"学者关注的,毕竟我们的出发点都应该是有利于文化传承,有利于人民大众的知识教育的。如果一种方法让十亿以上的人们感到别扭,感到不适,这样的提议或者主张,就应该自行检讨才好。

　　当然,是不是每个人都自觉地去进行检讨,这是他自己的事,但是,主张按《中华人民共和国国家通用语言文字法》实行规范的简化字教学和使用的人们,将会把自己的那份坚持与坚守进行到底。

　　"国学论坛"上,王宁的发言颇有代表性。她说:"在一个文化强盛的大国,使用汉字90%以上的人处在普及层面。汉字是在这个人文社会中被全民使用着也改变着的符号,一种符号系统是否好用,对于这个领域,'习惯成自然'是最现实的原则。对于一般的使用者来说,掌握2500—3500字就可以得到一般生活领域几乎全部的社会信息,也完全可以传达现代人复杂的思想感情。简化汉字实行了半个世纪,一旦改变,在文化发展和基础教育上要付出极大的代价,是不可行的。"

　　这样的言论,不能不为我们主张废除简化字的人们所注意到。

　　这里,我们不妨让朋友们来"参加"一次"两会"代表、委员有关汉字繁简问题的"讨论"会。听听专家学者们的意见。听完后,我们至少会知道,民意主流是反对"恢复繁体字,废除简体字"的——

全国政协委员、中央戏剧学院院长徐翔不赞成在日常生活中全部使用繁体字。他说,"从世界各国文字来看,简体汉字都已经算是很复杂的了,像俄语、英语等,都是字母的排列组合,非常简单;就连日语现在也尽可能减少汉字的使用率。所以,从文字的使用角度来看,简化是大势所趋。在10年内恢复繁体字的使用太没必要了,不仅是小孩子,很多成年人也要花很多时间来重新学习繁体字,会造成资源的极大浪费,还有可能产生一大批'新文盲'。"

全国政协委员、中国美协副主席施大畏表示,传统之根在于"道",而不是"术"。中华民族共同的、血脉相连的传统之根在于"道",所谓"道"是做人的道理,而不是文字、红木家具、京剧、书法绘画等,后者只是"术"的范畴,只是"标本",而非"活体"。文字应当便于掌握,便于使用,很多东西都是越科学的越简单,当初简化汉字是有道理的。作为一名学者,钻研文字的各种形式无可厚非,但对于普通人来说,把已经很好使用的东西废除没有必要。

笔者的好友,中国书协副主席申万胜认为,简化字已经使用了几十年了,存在修订的必要,以进一步完善简化字。但我们不能简单地否定简化字,因为从文字的发展历史来看,由繁入简历来都是文字演变的规律,而且在中国人心目中,它也都被普遍接受了。

全国政协委员张群表示:"复繁"肯定会给学校教育带来新的问题。他认为,现在简体字已经客观存在了很多年,在人们的学习、生活中根深蒂固,并没有出现什么问题,突然要推倒重来,绝不是一件简单的事。

"不要说学生学起来会无所适从,就连老师们能够全部掌握繁体字的也不多,学文科的可能接受起来快点,学理科的完全是一头雾水,这样反而会造成文化上的混乱,而且花费大量的人力物力。"

又有一位提到人力物力的花费问题,提到文化上的混乱问题的!

所以,学者们坚持认为,恢复繁体字是断不可行的——

"国学论坛",董琨的发言是客观之论:从学术角度和社会实际考虑,"复繁"是没有必要的。简体字尽管也存在若干问题(其实繁体字的问题也不少),但简化字从总体上说还是一个良好的文字符号系统。

广大的老百姓几乎一边儿倒,认为"要求复繁之论就是瞎折腾",并要求政府部门管一管,也吁请有关人士:

"不要折腾啦!"

李雪萌在他的接受采访文章中说:语言文字是和社会上每一个人息息相关的最重要的交流工具,我们究竟应不应该、适不适合逐步废除简化字、恢复使用繁体字,不但要听从专家学者们的意见与看法,也应该倾听每天都要用到文字的广大普通百姓的意愿。"在采访间隙,记者也对从事各行各业的我市普通市民做了采访调查。调查中我们发现,绝大多数普通百姓对逐步恢复使用繁体字持明确的反对意见。"

望少辉的博文更是旗帜鲜明:简体字的推广使用已经深入大众、深入人心、深入我们日常生活的每一个角落,我们不能违背历史发展的趋势,走倒退之路,全面推广繁体字,那完全是一种瞎折腾!

如果说这些言论都来自简体字使用区,那么我们听一听来自海外的声音。一位居住在美国旧金山的网名叫"fanofanpoleon"的青年在"铁血社区"发表了关于汉字繁简之争的《旗帜鲜明地支持简体字!——汉字

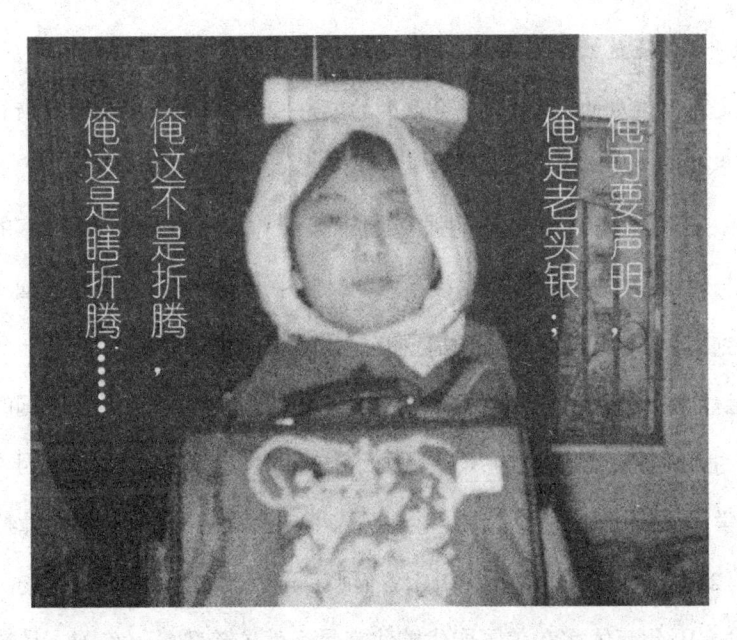

图109 初中学生模仿网上"瞎折腾"表情(棉棉制作)。

的繁简之争应该告一段落了》长篇文章,内中提供了很多海外对于简体字使用的信息,正如他的文章标题所言,是属于"旗帜鲜明地支持简体字"的——

我在旧金山上了高中,我对此自然有话语权。我目睹了在美国教汉语的老师清一色地采纳了简体字的教科书,这些教科书都是大陆的出版社(比如"人教版"和"北师大版")出的。在美国,现在大部分学汉语的高中生都在学简体字。别忘了,他们就是美国未来的花朵!虽然现在的唐人街还在普遍使用繁体字,但是数十年后,当和我们这一代同辈的美国华人主宰着唐人街的时候,华人社区肯定会是简体字的天下!另一方面,几十年前大陆移民到美国的很少,绝大多数都是香港、台湾以及清朝时期广东台山的移民,他们都习惯用繁体字,所以这也可以解释为什么目前唐人街还是繁体字占多数。但这跟繁体字的优越性没有任何联系！是历史原因造成的。而时代是会改变的！……20年内繁体字就会逐渐在美国华人社区被简体字取代！

是因为我们力量的日益强大，才有了海外各地对于汉字简体字的推崇与使用。正像上文作者在接下来的文字中所说的：简体字在美国从小学到高中都很流行（我是指那些有汉语教学课程的学校），甚至连我目前就读的大学都在教简体字和拼音！这说明了什么？这说明了我国的影响力逐渐扩大！美国学生只要想学汉语的基本上都在学简体字，因为他们学汉语的目的是为了以后能到中国大陆留学或者跟大陆的企业打交道。21世纪是中国的世纪，中国政府现在正在全力推广全球范围的汉语教学，因此简体字在美国取代繁体字是必然的趋势……美国人是实在的……美国人才不管什么所谓的繁简之争，谁强大就学谁的语言。（http://bbs.tiexue.net/post_3325609_1.html）

——是因为我们自己的进步与强大，才有了世界各地对于汉字学习的重大关注。难道我们还需要反向地往旧路上走吗？这样的回头路所造成的国力丢失，谁敢担当？谁又能担当？

那样的话，我们如何向历史，向后代子孙交代？！

一位在澳洲中文网上开博的作者在他的博文《假如》里写道：

按现在有些的所谓专家的表述，似乎汉字的简化，已经是罪孽在身，百无一是了，既如此，便只有复繁，以了却各位的心愿，如是，则"割断了的文化传承"也恢复了，因"简化字破坏了"的"书法艺术"也复兴了，"阅读典籍容易造成混乱"的问题也解决了，"不利于两岸统一"的大阻碍也清除了，特别是那位担心因"不能熟练地使用繁体字，和海外华人交流,或许还要翻译"的先生也可以释怀了……

真是这样的吗?如果天下有这么好的事儿,几十年来,我们十几亿的中国人是不是真的就脑袋进水了,犯下了天大的错误,以至于不得不由另外的"少数"中国人或者其他什么人来教育教育收拾收拾?在一声断喝后,把那几千个汉字,把那十几亿人用熟了的汉字,通通的回到繁体上去了,回到所谓的"正体"上去了?或者干脆就回到最是繁复的小篆金文上去了?

笔者不认为这个主意不是出于对文字的热爱。是因为太爱,是因为大爱。太爱我们的中华文化,太爱我们古老优雅的文字,太爱我们老祖宗留下的一切的一切。笔者还认为,这种爱里,有着对于大汉复活的憧憬,有着重回盛唐的执著,有着宋词风情的追怀,有着早清扩张的心祭。五千年的文明一路走来,繁体字的世界,记载了中华所有的悲怆与辉煌。因此,这个繁体字是个好东西,是个值得对其保持虔敬之态的圣物。

这些,都没有错。

但是,我只是想,假如我们生活在唐代,那该有多好;或者我们生活在大汉,那又有多好。因为我们可以雍容地高吟"大风歌"之类,可以潇洒地挥一挥手,让各藩属国来敬来贺。我们可以用文字赐予那些不识汉字的边地首领,让他们拜倒在我脚下,三呼万岁。

但是,现在不行。我们没有时间那么从容,我们没有力量让其他各国都来欣赏我们的文字美图,我们处在与列强的竞争中,我们的钱要用在国计民生上,我们付不起推翻几十年使用了的简体字的所有代价。

假如,我们可以不顾十多亿人的情感,不顾又有几亿文盲产生的惨烈后果,不顾几十年里的文物出版的天量付出,我们可以这样做。

假如,世界愿为我们恢复繁体字的工作而停止五十年的发展,假如生活在世界各个角落的人都说没有中国人的繁体字,将会有全球性的缺失,地球文明将会在某一天因此而毁于一旦;为了全人类的生存,我们也许应该这么做。但是,有这一天吗?

况且,这样的假如,它永远就是假如。(引自"天风在上")

三 假如来一次复繁运动,世界将投以怎样的目光?

跳过"天风在上"的激愤,我们就上面"fanofanpoleon"所提出的问题来作一次合理延伸:假如来一次复繁运动,世界将向我们投以什么样的目光?

我们当然不一定在乎在他人眼中的位置。但是,正在崛起的东方古国不可能不顾及他人对我们的评价与打量的目光,以及中国作为世界的一分子,他的生活方式给予别人的感受。

汉字,是当今世界除了拉丁字母以外使用人口数目最多的文字,它的任 变化,势必要牵涉到几亿人的关注。我们不是"汉字优越论"者,但我们也绝不是"汉字落后论"者。文字是历史的产物,它不仅决定于语言的特点,而且决定于文化传播及社会需求。任何一种文字,均有技术性与流通性的问题。汉字的历史纵向的流动性是很强的。北京大学老学者曹先擢在为弟子杨润陆先生的《现代汉字学》写序时有这么一段话:"汉字有许多优点,永远不会被废弃"。他说,汉字是一种独特的表形文字,也是人类文化的一颗灿烂的明珠。为此,他转引了唐德刚在《胡适杂记》上的一段话作为自己的心声:"平心静气地说,八千年来的人类文明史中,学者们还未找到第二种文字能与我们的传统语文比。它替我们保留了19世纪前人类文明最丰富的记录,它保留的总量超过了人类文明史上所有其他文字所保留的总和……它更是高度文明世界里独一无二的、全始全终的、未经任何周折的原始语文。所以,三岁的中国孩子便可背诵8世纪大诗人李白'床前明月光'的原文;今日国文程度好的中学生把公元前1世纪史学名著《史记》的原文当小说来看,也不算什么稀奇。但是这些在其他任何文明国家里,都是不可能想象的事。"(引自杨润陆:《现代汉字学》,北京师范大学出版社,2008年,第2页)曹老先生的这段引文,其实说的也就是文字的历史流通性问题。

从文字形式来看,当今世界可分为"五大文化圈",即汉字文化圈、印度字母文化圈、阿拉伯字母文化圈、斯拉夫字母文化圈和拉丁字母文化圈。从下面的两个制图,我们即可了解汉字在其中所占的地位和对当今世界的影响。

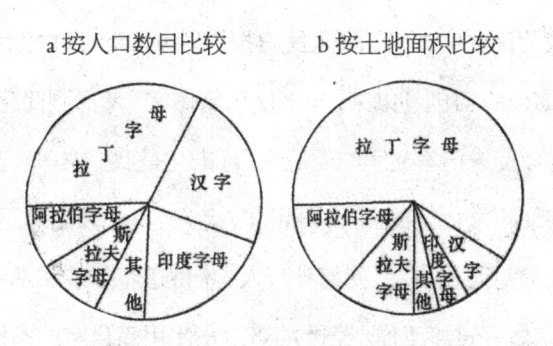

图110　世界文字分布示意统计图。

上图的制作者《现代汉字学》的作者杨润陆先生说,看一种语言文字的国际通用性,可以从使用人口、使用人口所占有的土地,以及使用国家这三个角度来考察。著名语言文字学家伍铁平1992年在《国外社会科学》杂志第11期撰文说:"一种语言能在世界上多大范围里传播,**这主要取决于使用这种语言的一个或几个民族当时在世界政治、经济和军事上的地位和作用**。一种文字能在世界多大范围内传播,除上述原因外,**还取决于掌握这种文字的难易程度**。"

伍铁平先生的话算是至理。他所表述的两个方面的意思,我都用黑体字特别予以标注,希望能引起读者朋友对于汉字地位的关注,以及对汉字为何需要、而且必须简化的特别关注。

汉字的简化,已经是为世界所接受了的一个历史事实,正如北大学者苏培成所言,"汉字已经进入了简化字时代"。以此作为国际、国内标志的事件有两个,一是联合国的决定,从1971年中国恢复了在联合国的合法地位后,联合国使用的中文一律改用简体字。另一个事件是1985年7月1日,《人民日报》创刊了"海外版",该版是以海外读者为对象的。为了照顾海外读者的阅读习惯,一开始时,用的全是繁体字。到1992年7月1日,正式改为简化字。为此,《人民日报》在1992年6月17日发表《敬告读者》书;"海外版自创刊以来,一直使用繁体字。考虑到简化汉字是历史发展的趋势,促进语言文字的规范化、标准化是我们义不容辞的责任,因此,我们在使用繁体字的同时,开辟了'名人名言'繁简对照、'中国古诗文选读'繁简对照栏目,以使海外华人、华侨逐步了解和熟悉简化字,为使用简化字做好过渡工作。经过7年努力,使用简化字的条件基本成熟,同时越来越看到简化字已成为世界绝大多数华人所接受的事实,因此,本报编辑部决定自下月起使用简化字。"

事实上，从1992年海外版实行简化字排版出刊以来，受到海外读者的热烈欢迎，并使汉字的简体字让更多的人获得了认同与支持。

海外华人对于简体字的认同，也同样影响到所在国家对简体字的认同与欢迎。

图111 外国友人"情人节"学汉字，感受中国文化（《汉语世界》供稿）。

在美国，汉语学校和大学的汉语课绝大多数使用简化字。纽约市政府发布的中文公告，过去用繁体字，现在一律用简化字。2005年5月22日的《纽约时报》刊登著名专栏作家克里斯托夫的文章，标题首次使用简体字。在加拿大，原来教广东话、台山话和繁体字的学校，也开设了普通话课、简体字和汉语拼音班。台湾《联合报》2008年3月5日报道说："美国近十年来兴起学中文的热潮，华盛顿特区不少公立中小学都已把中文增列为外语选修课程之一，教学上大致虽维持繁体和简体中文并用，但简体字逐渐成为中文教学主流，已形成一股难以抵挡的趋势。"（数据引自苏培成：《汉字进入了简化字时代》）

在东南亚，我国的简化字得到了普遍的认同与欢迎。

图112　2007年2月英国《泰晤士报》关于汉语学习的版面。

新加坡：1969年公布第一批简体字502个，除了67字（称为"异体简化字"），均与中国公布的简化字相同。1974年，又公布《简体字总表》，收简体字2248个，包括了中国公布的所有简化字，以及10个中国尚未简化的，如"要"、"窗"。1976年5月，颁布《简体字总表》修订本，删除这10个简化字和异体简体字，从而与中国的《简化字总表》完全一致。

马来西亚：1973年也成立了简化汉字委员会，并于1981年2月正式颁布《简化汉字总表》，其所收录的简化字也与我们国家公布的简化字完全一致。

泰国：该国教育部1983年12月批准所有兼教华文的学校，都可以兼教简化字，并且出版发行了《简化字与繁体字对照手册》，以供推广简体字使用。

韩国：1983年《朝鲜日报》公布第一批简体字90个，在《朝鲜日报》上使用，与中国相同的有29个，差不多相同的有4个。

有关韩国的情况，最近更有新的变化。2009年1月，韩国"全国汉字

图113　韩国汉字出版物。

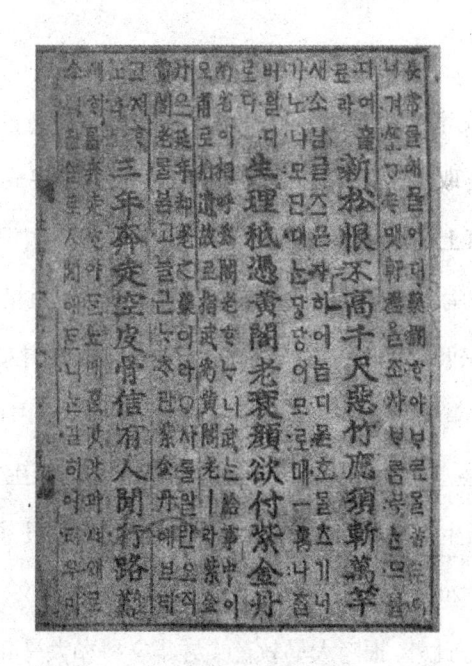

教育推进总联合会"宣布,韩国多位前总理已将他们联名签署的建议书送进总统府,以敦促总统李明博尽早在小学实施汉字教育。该《建议书》的全称是《敦促在小学正规教育过程中实施汉字教育建议书》,不应将汉字视为外语。建议书强调,半个世纪以来,由于韩文的错误文字政策,韩国陷入了"文化危机"。为此,建议书提议,为从根本上解决这一问题,在小学正规教育过程中,应让学生分阶段学习汉字;不应将汉字视为外语;汉字应和韩文一起被视为"国字"来实施教育。对此,博士生导师、中国文字协会理事、陕西师大文学院教授党怀兴表示,韩国这一举动是正视历史,正视汉字在韩国历史上重要作用的行为。(资料出于:新华每日电讯,纪芮俭文。网络地址:http://news.xinhuanet.com/mrdx/2006-02/19/content_4199844.htm)

……

一如语言文字学家伍铁平所说的,"一种语言能在世界上多大范围里传播,**这主要取决于使用这种语言的一个或几个民族当时在世界政治、经济和军事上的地位和作用。**"近十多年来,随着中国的和平崛起,带来了东亚、东南亚以及全球很多国家对华文教育的巨量需求。

我们以马来西亚为例。这个国家的华人人口占该国人口的1/4。据该国教育部统计,全国共有7498所小学,其中华人小学就占1287所。2004年华文小学的学生总数为66.1261万,2004年各学校的新生人数为52.5881万,华文小学新生人数为11.7274万。近年来,报读和报考华文的中学生人数显著增加。2000年全国有16万多人报读和报考华文,到了2003年激增至23万多人。此外,报考大马教育文凭华文科和大马高级学校文凭华文科的考生人数也大幅增加。据马国教育部统计,与2000年相比,2003年

图114　学习汉字,熟悉简体字。

报考大马教育文凭（SPM）及大马高级学校文凭（STPM）华人科的人数竟增至45%。（数据引自杨润陆：《现代汉字学》）

华文教育如此比例的增长，在其他国家也有同样的情况。新加坡、泰国、印度尼西亚、越南、日本、韩国，都对汉字的使用与简化字推广，报以积极响应。汉字的简化已成为一种世界文化现象，获得越来越多的认同。

在西方国家，如法国、德国、美国的机场、车站、商店、宾馆等公共场所，到处都可以看到简化字的汉字标志。有关这个情况，我们摘录一段新华社记者纪芮俭所写的文章：

除了教育领域，简体字在美国的消费市场也很吃得开。地铁车厢内主流商品的中文广告或是商业机构的中文手册与说明书，大量出现简体字，连全美麦当劳的饮料杯与食品袋上的英文广告标语"I'm loving it"的中文直译"我就是喜欢"都使用简体字；再从政府机关的做法看，美国各州对于华人移民的服务，也逐渐弃繁就简。以纽约来说，过去纽约市政府包括地铁转车、工程招标或是聘雇人员等中文公告，都以繁体字说明，但自布隆伯格市长上任之后，几乎全改为简体字。

占据主流的英语媒介也对简体字"情有独钟"。2006年2月13日，为吸引华裔美国人，娱乐巨人美国在线（AOL）推出包括简体字版的中文网站。美国在线的中文版网站以总数约270万的华裔美国人为目标，既提供来自中国的电视节目和电视连续剧，也可以直接离线播放。而去年5月，《纽约时报》刊出知名专栏作家纪思道（Nichlas D·Kristof）的评论"从开封到纽约"，标题刻意以简体中文字表现。

……

> 祝中国人民和全世界
> 所有华人 新年快乐！
> 联合国秘书长
> 潘基文
> 2009年1月

图115 联合国秘书长潘基文用汉字签名的祝词。

试想一下，世界众多的国家和地区接受了简化字，并且随着中国的日益强大，他们正在自己的国家加紧对华文教育的支持，包括对简体字的推广。而就在中国"在世界政治、经济和军事上的地位和作用"越来越重要的时候，在中国"汉字加快走向世界"（胡锦涛语）的历史时刻，我们却要废除推广了几十年，有着包括世界各国在内的近二十亿人口使用的简化字，世界会给我们投来什么样的眼光呢？

中国怎么啦？

从来不缺少自信的中国，怎么在走向新辉煌的道路和历史的关键时刻，缺少了自信？

"一种文字能在世界多大范围内传播，除上述原因外，还取决于**掌握这种文字的难易程度**。"汉字的简化，于中国，于世界学习汉语的人们，可称得上功德无量。正是因为汉字的简化，才让包括中国人民在内的世界各国汉字的使用者，尝到了简化汉字较之繁体的汉字在识读方面更显容易的甜头。

2006年2月19日《新华每日电讯》有一篇报道：在全美发行的《美国侨报》，从改用简体汉字后，发行量增二成。美国人认为，简体汉字热成为最近几年来遍布全球的汉语热的一个重要标志。

全球如此之热的简化字，我们却要让它回到繁体字上去，世界投来的目光不会是赞许的……

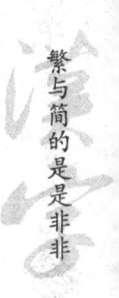

四 百岁老人见证的汉字改革的故事

2006年3月22日,为纪念国务院发布《汉字简化方案》和《关于推广普通话的指示》50周年,教育部组织著名语言学家与新闻记者见面会。该会一则为"纪念",二则为"宣传",以做好语言文字的宣传与推广工作。这次参加会议的有语言学界泰斗级的人物周有光,这位时年百岁的老人精神矍铄。会议安排由他介绍《汉字简化方案》的有关情况,这应该是一个当之无愧的权威"介绍人"。同时参加会议的其他专家有国家语委咨询委员会委员陈章太、傅永和、陆俭明、李行健等,分别介绍国家语言规划的制定、汉字整理和简化、国家通用语言文字教学与研究,以及对外汉语教学、语言文字规范标准制定和语文工具等有关情况。

周有光先生以百岁之高龄能参加这样的会议,于语言学界是一件盛事。要说周先生在语言学界的影响有多大,看一看下面这个抄本,就知道他老人家的地位——

周先生是卓越的语言文字学家。1906年1月13日出生于江苏常州。1923年就学上海圣约翰大学,攻读经济学。1925年因五卅惨案离校,改读由爱国师生创办的光华大学,1927年毕业。1927年至1948年,任教于光华高校,任职于江苏银行和新华银行,并由银行派驻美国纽约和英国伦敦。1949年上海解放后回国,任教于复旦大学经济研究所等,教授经济学。但周先生还有一个业余爱好,那就是从事语言文字研究。因为有这样的爱

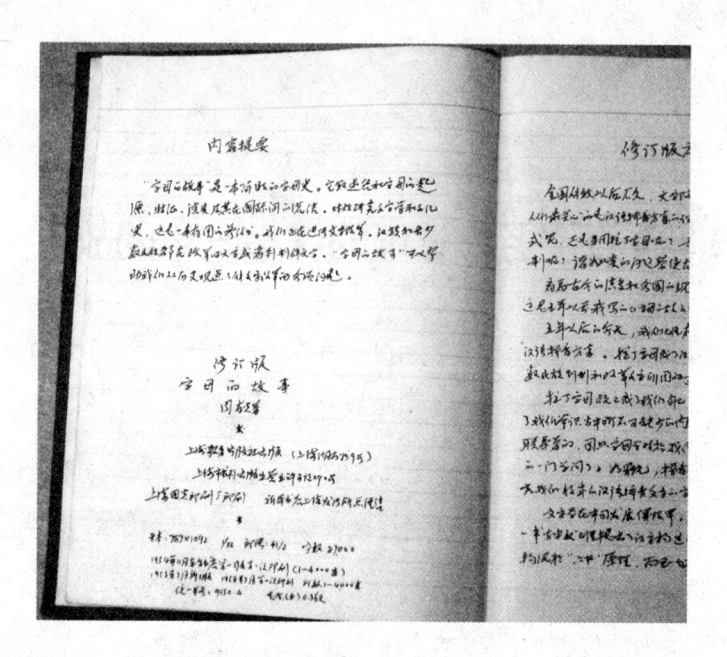

图116 后学们为了获得周先生的《字母的故事》,居然一页页将全书抄了下来。

好,且于1954年11月在上海东方书店出版了《字母的故事》,很有影响,次年奉调到北京中国文字改革委员会,专职从事语言文字研究。

周先生到京后,先后担任文改会委员和副主任、国家语委委员、中国社科院研究生院教授等职。半个多世纪以来,周先生在语言文字学领域里一直进行着广泛的探索和创造性的研究,尤其是在中国语文现代化和比较文字学方面成就卓著。作为《汉语拼音方案》的主要创制人之一,周先生在制定和推行《汉语拼音方案》方面的功绩已载入史册。《汉语拼音方案》以其拉丁化、口语化、音素化的严密设计,使得不能准确表音的汉字有了科学的注音工具,更使扫除文盲、推广普通话、索引排序、工业产品编码、制定旗语、灯语、手语、盲文和少数民族文字有了强有力的工具和凭借。

还在周有光调到北京前,当时的文字改革委员会收到了很多有关文字改革和拼音的方案,包括民族形式的字母方案。这些方案送给毛泽东主席看后,都感到不满意。为此,委员们非常苦恼。

1955年10月15日,全国文字改革会议召开。在开幕式上,陈毅副总理语重心长地说:"在有几万万文盲的国家里,不可能有强大的工业建设。应该把文字改革,和我国建成社会主义工业国家联系起来。"

也就是在这一天,中国文字改革委员会的专家拿出了几年来的研究成果,汉字简化方案和6种汉语拼音方案草稿,其中有4种汉字笔画式方案,一种斯拉夫字母式方案和一种拉丁字母式方案。参加会议的代表们对汉字简化方案进行了热烈的讨论。可当讨论6种汉语拼音方案时,与会代表却保持了礼貌的沉默。9天的时间过去了,会议通过了汉字整理部提供的汉字简化方案,可拼音方案委员会提供的6种拼音方案,却没有议定。会议结束后,正准备赶回上海复旦大学的经济学教授周有光,却接到一个通知,让他留在文改会。

当时的周有光以为也就是留在北京再"业余搞一下文字研究与拼音方案"。他哪里知道是他所写的那本《字母的故事》让毛泽东主席也产生了兴趣。在参加文字改革会议的时候,拼音方案小组的委员们对什么是"民族形式"争论得很厉害。周有光发表了一篇名为《什么是民族形式》的文章引起了关注。正像50多年以后他回答同样问题于记者的时候所说的:"民族形式的形成,要经过一个习惯培养的时期。经过培养,胡琴可以变成国乐,旗袍可以变成汉服,外来的字母可以变成民族字母。对于英语来说,拉丁字母也是外来的字母,用它来拼英语,便成了英国的民族形式了。汉字的形式不适合字母要求,世界上最通行的是拉丁字母。我们与

图117　20世纪50年代由韦悫编制的一套民族形式的拼音方案。

其另起炉灶，还不如采用它。"周有光的独到见解引起了吴玉章的重视。全国文字改革会议开完，吴玉章让周有光不要走了，留下搞文字改革工作。周有光到文改会后不久，事情发生了变化。1956年1月20日，中央召开知识分子问题会议。在吴玉章做了关于文字改革工作的发言后，毛泽东突然接过话头说："我很赞成将来采用拉丁字母，你们赞成不赞成呀？我看，在广大群众里头问题不大，在知识分子里头，有一些问题。中国怎么能用外国字母呢？但是，看起来还是采用外国字母比较好……因为这种字母很少，只有二十几个，简单明了……凡是外国的好东西，对我们有用的东西，我们就是要学，就是要统统拿过来学，并且加以消化，变成自己的东西。"

毛泽东的这番话,生动而深刻,使得几年中关于字母形式的反复争论最终尘埃落定。七天后,中共中央发出了《关于文字改革工作问题的指示》,其中明确表示"中央认为,汉语拼音方案采用拉丁字母比较适宜"。

毛泽东的这个发言,以及由此形成的决定,是不是有着周有光的影响?倒不一定是周影响了毛,但周的"胡琴可以变成国乐,旗袍可以变成汉服,外来的字母可以变成民族字母"这样有个性的、生动的话,一定是影响了当时的领导层。事实上,毛泽东在知识分子会议上表态支持使用拉丁字母之前胡乔木就已经起草好了《关于文字改革工作问题的指示》,而关于支持使用拉丁字母的决定,是更早时经过中央政治局会议讨论的结果,并不是毛泽东一个人的决定。这说明中央采用拉丁字母制订汉语拼音方案,是经过慎重讨论的——这是后来原语文出版社编审凌远

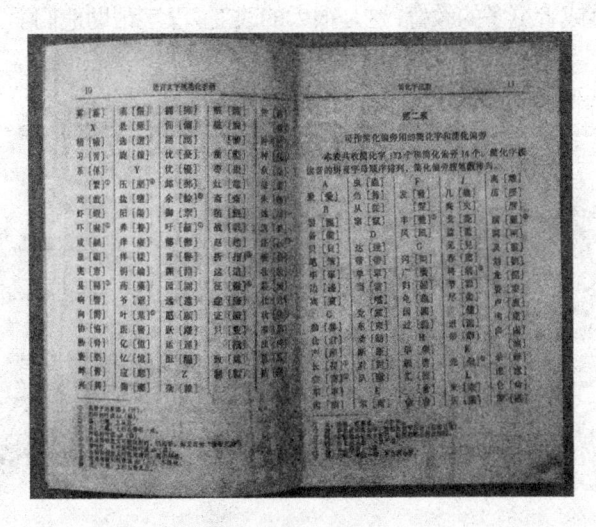

图118 汉字《简化字总表》第一、二表。

征在读《胡乔木书信集》时的发现。(黄佳佳:《50年前的〈汉语拼音方案〉制订始末》,《北京日报》转自上海语文网)

几十年过去了,周先生讲起这一段往事,仿如昨天。本书提及这一故事,只是用来强调周先生在这方面的贡献,以及当时的文字改革各专家的付出、文字改革委员会的认真与慎重。那不是一个人两个人在做,而是国家集中了众多的国之精英,在反复讨论,对比研究,是他们集体智慧的结晶。据有关资料披露,从1950年到1955年,文字改革委员会收到社会各界包括海外华人共633人提交的汉语拼音方案655种,汉字简化方案有近千种。

这次见面会,周先生很高兴回答记者们的问题。一开始,周老即开宗明义,不回避任何可能难于回答的"问题"。周老在讲到文字改革及其意义时说:"中国一向是农业国家,绝大多数是农民,可是多年来农民一直处在愚昧贫困的状态。现在,绝大多数农民都能受到基础教育就是六年或者九年或者更多的教育,这是很大的改变。汉字帮助他们学文化,拼音

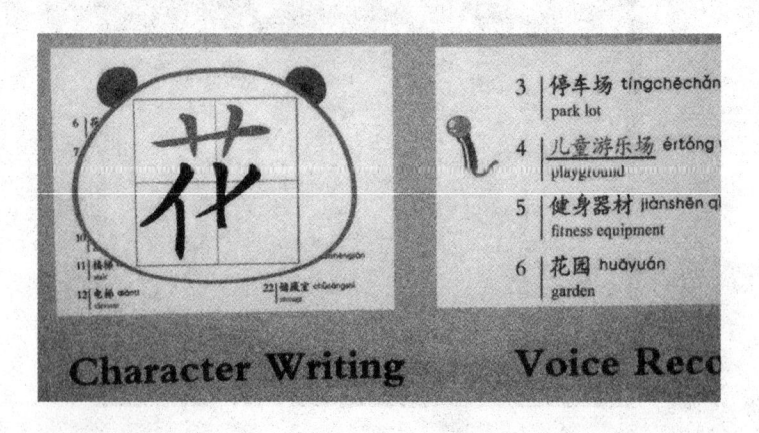

图119 简化字的学习,是全球性的(《汉语世界》供稿)。

也帮助他们学文化。我们的农民要变成现代的农民，现代的农民了不起，因为随着科技发展，农民的前途是非常远大的。21世纪是全球化的时代，农民的地位在中国将有很大的改变。"

周老在回答香港《东方日报》记者的问题时说："香港回归以后逐步在改变，改变要一步一步来，不能着急。（汉字）简化问题本来台湾也是赞成的，后来人家反对，没有办法，不能推行了。在清朝末年简化就有许多人提倡，可是也遇到了很多阻力，一直到50年代新中国成立后才能实现，所以中国简化是清朝末年就有提倡了，但是真正执行是50年代开始的，是一个逐步的过程。"

关于台湾与繁体和简体字的问题，周先生说：台湾反对简化字起初

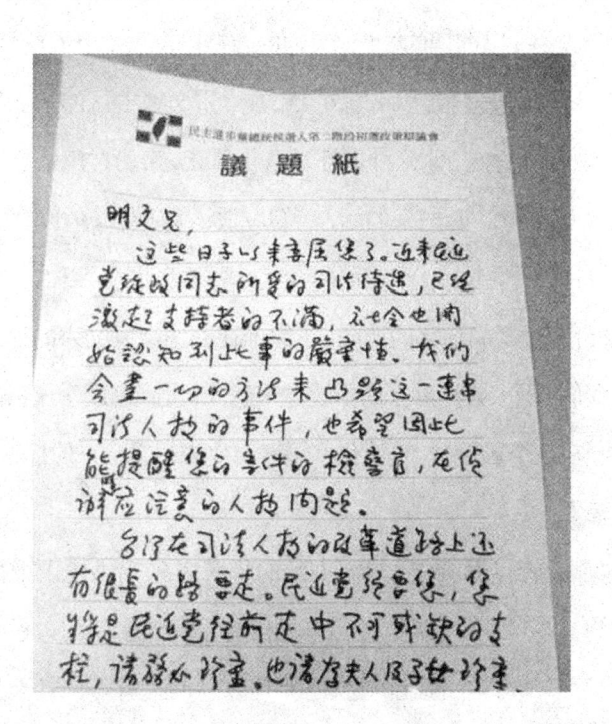

图120　即使是民进党的党魁蔡英文，自己写起信来，也是满纸简体字。

不是这么厉害，后来台湾把文字改革的问题和政治问题挂钩。所以简化的阻力目前主要是在台湾。可是这个事情我想不必着急，慢慢会改变。

"其实简化以后还要进一步的规范化，规范化更重要"，周老对于汉字改革的大方向是旗帜鲜明地肯定的。他说："所以我们做的这个事情是正确的，是进步的，一定会逐步推广，香港也会慢慢采用。现在香港和中国大陆虽然是一个国家，可是因为一国两制的关系，来往还不是很多，将来的往来会越来越多。同时我们国家在国际上的影响越来越大，世界各国学汉语的人也逐步在增加，在这个形势之下，简化字慢慢会变成中文唯一的标准，那个时候香港也会喜欢用简化字。所以不必勉强他们也不必着急。"

周有光先生，以渊博的知识、灵通的智慧以及百岁老人的经验，告诉了我们最基本的道理与判断。他的话，应该是对中国语文改革，包括汉字简化的全方位肯定。他这种见证过百年风云，亲历过汉语言文字改革前前后后细节的人，说出来的话，我们应该认真听取。他以宽容平和的心态，在等待着香港对于汉字简化字的认同，也以同样平和宽容的心态，在等待着台湾对于简化字的认同。正像他在答记者问结束的那段话所说的，随着我们"国家在国际上的影响越来越大，世界各国学汉语的人也逐步在增加，在这个形势之下，简化字慢慢会变成中文唯一的标准"。

……

在这个记者见面会上，74岁高龄的陈章太先生讲述了个很好的故事，我们将其摘录于此，借此让更多的读者了解汉字简化过程中所发生的故事，从而知晓汉字简化的过程与严谨，从而理解一代甚至几代学者在汉字简化上的付出与贡献。

图121 "文革"期间群众创造的简写"勤"字,后来收入到"二简"字表中。

　　陈章太说到50年前,也就是1956年,国家作出了很重要的决定,发布了《汉字简化方案》,同时发布了《关于推广普通话的指示》。"这两件事情,回头来看,标志着我们国家整个的语言规范化,包括历史上的,长期以来的语文革新运动,进入了一个重要的、全面发展的新时期。"在谈到汉字简化方面的情况时,陈章太教授提到了颇受诟病的"二简"方案,并且说了一些细节:

　　"文革"后半阶段,一切工作都停滞了,受到了很大的影响,普通话推广工作和其他的语言文字工作也都受到了很大影响……1977年,当时仓促颁布的第二批汉字简化方案……公布以后,社会反响很大,认为太仓促了,不够成熟,造成了社会用字的一些混乱。说到这里,陈教授讲了一个不是很多人都能了解到的故事,这个故事也是我们的百岁老人周有光先生见证过了的。陈教授说:

　　我简单地说一个事实,1985年至1986年制定新时期语言文字工作方针任务的时候，党中央、国务院是进行了认真的研究和讨论的。比如说中央书记处，当时的国家语委，根据中央的指示、意见提出了新时期方针任务的草稿，都是报中央书记处和国务院审批的，来回讨论很多次。当时中央分管文化教育也包括语言文字工作的胡乔木同志，他是语言文字非常内行的一位专家，很多次审查报告。比如说一件事情，到底方针任务当中提不提50年代声明，我们汉字改革要走世界共同的方向，这样的问题就向中央书记处汇报了不止一次。

当比如说废除第二批简化汉字方案，是在1986年废除，向中央书记处多次汇报，我和傅永和先生到北戴河向乔木同志汇报，乔木同志提出废除二简的，要恢复一简的几个，我们的意见是最好先不动，但是考虑到要稳定一个时期，把简化字清理一下。乔木同志说"你们不能说服我，我也不能说服你们"，争论得比较激烈。

坐在会议厅里的周有光先生当然是清楚"二简"方案废除的全过程的。1977年12月20日，《第二次汉字简化方案（草案）》向社会公布，共收入简体字848个。这次简化字在简化字形的同时，还精简了汉字的数量，如"龄"简为"令"，"帮"简为"邦"，"副"、"傅"、"腐"简为"付"，"街"简为"丁"，"停"简为"仃"，"舞"简为"午"等。但这次简化字的推行却并不成功，遭到了很多人的强烈反对。周有光、王力、胡愈之等人批评这种文字比例失调，难看之极，一味追求简单而失去了汉字的风貌。为此，周有光等人向中央写信，最终促成了"二简"的废除。

陈教授继续讲述着当年的故事——

乔木说"我们各自向中央书记处申诉"，过后他写了7页信纸的信。我给国务院写报告。当时的总书记、总理，国务院总理办公会议，中央书记处会议都讨论过。所以,新时期方针政策都是经过中央反复讨论审批的。从50年代和80年代这两个时期以后,中央、国务院对于语言文字工作是极其重视的。制定汉语拼音方案是50年代的任务,当时有一两千个方案,到底用什么方案,最后决定采用拉丁字母,现在看来是极其正确的。包括一部分苏联专家提出来,建议我们使用斯拉夫字母,现在看来中央、国务院这个决策是非常正确的。因为拉丁化在世界语言中都相当通用。(2006年3月22日,《教育部就〈汉字简化方案〉等发布50周年答记者问》。www.gov.cn)

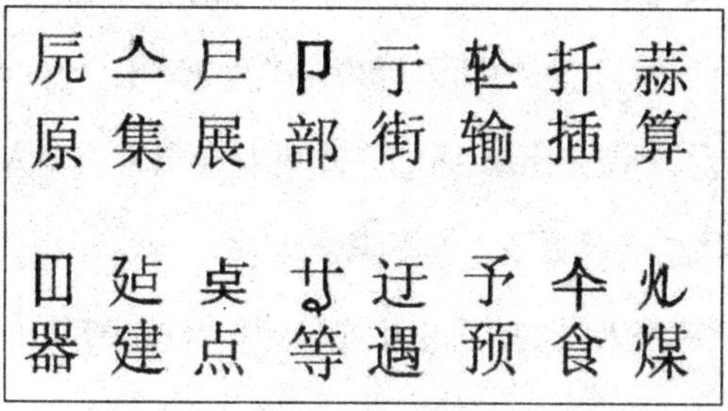

图122 废除的"二简"与"一简"字对照表。

把两位老一辈语文工作者在记者见面会上的发言基本完整地写在此处,目的只有一个,希望我们的后学们能有机会听听汉字改革的先辈们都做了些什么,他们的工作是如何做的,他们的探索所付出的艰辛,曾经面临的困惑与争执。他们对汉字改革的最直接的理解与感受。他们对汉字改革、汉字的简化所抱的历史眼光以及他们的判断能给我们后辈以什么样的启迪?

从两位前辈的发言里,我们应该了解,中华人民共和国政府在过去半个多世纪的岁月里,为了提高人民大众的文化水平,尽了多大的努力。

汉字改革的每一小步，都无不倾注了政府以及高层领导的关怀与牵挂。他们的出发点——多识汉字、扫除文盲、提高全民族的文化知识——是多么值得尊重。

一切无视这段历史，并且以有色眼镜看待文字改革这一历程的人，似乎都应该有所感悟！

有时候，"精英"的思考可能更偏重于个性的张扬，正像"五四"运动前后，蔡元培、陈独秀、鲁迅、瞿秋白等先贤们的那次集体激动一样，他们是在用矫枉过正的方式，表达着对汉字的关爱。同样，今天的一些人们，对于繁体字的看法，甚至包括对于简体字的废除这样的主张，也可以同样认为是一种矫枉过正的话语行为，出发点都不会有问题的，那就是对于汉字的热爱。问题在于说话的方式可能会引起很多人的不适；对历史的虚无态度将会遭致更多人的不满。

《辞海》某编修人员的儿子告诉过笔者一件带有笑话性质的旧事。

图123　湖北省罗田县丁凤英在教农村孩子识字（蒙紫摄）。

他的父亲第一次到中南海见毛泽东主席时,毛身边的一位工作人员向主席介绍说:这位是某某某,是语言文字方面的大专家。毛泽东为了活跃谈话气氛,随意开了一个玩笑,说,呵呵,好啊好啊,所谓专家,就是那些片面性多一点的人吧?!

说得在场各位都哈哈大笑起来。

从某种意思上来说,这话也不是没有一点道理。没有"片面性",也就难有专注的姿态,也就不会有激情。所以,从这个角度来说,即使是"片面性"的东西也是要听一点的。虽然我们的某些精英们不认为自己有片面性。

那么,我们就听听老百姓都说些什么,听听网上的草根们都说些什么,或者也有利于我们将繁简字的事儿认识得更清楚。

五 听听老百姓说些什么、网民说些什么

老百姓也好,网上草根也好,他们的说话不是一套一套的,有什么说什么,想说哪儿就说哪儿,说到哪儿算哪儿。因此,我们得有接受他们说话方式的心理准备。

这位说话的是北京朝阳区北苑家园的一位"居士"——当然是没有工作居住在家的人士了!当听说有人对简体字的"简法"有了看法,未来可能恢复到繁体字上去时,老大爷乐了:"敢情会发唐装吧,一人一件,今后见着面了打个诺道声'嚛',不说谷得麦元领了,说老佛爷吉祥!"

老大爷牙齿有些下岗了,说话不太关风,但可乐。这意思很明白,与

其让汉字复辟到繁体，还不如让我们回到过去。

近处有一喝茶的老者，看来花五元钱沏的这杯茶，怎么着也得喝上三两个时辰的。喝茶慢，并不表明他说话慢，且言语更逗："您这什么说道呀？这不就大清吗？要回，也得回大汉大唐啊，再不就回到龟儿壳当纸用的年月里去，见面根本就没有谷得麦元领那词儿，那会儿这话还没有出生呐，说这话儿的人还在树上哩。大家见面后得问：'无它乎？'嘿嘿！"

大爷不乐意了："敢情你这不说正话儿，无榻壶？这不就是问有没有尿壶吗？咱们这是讨论严肃的繁体简体字问题，不带脏字的。"老者也乐了，且大笑："不知道了吧？还讨论汉字的繁与简呢！汉字这玩意儿，骨子里就透着学问。这个'它'是现在的'蛇'字的古字。古人见面后不问'吃了吗'，而问'没有被蛇咬吧'——远古蛇多，经常人被蛇欺负了，才有这样一问。"

老者端好了自己的大茶杯，干脆挤到一起来："所以啊，要恢复繁体字，最好大家伙儿就一起回到远古去，那该多好啊，咱们一天到晚找牛骨头去，刻着龟板儿玩，还被后人们神似的供着。"

……

你说这北京啊，文化底蕴也忒深厚了点儿，大街上走来一百姓，说不定就是个退休官员，也说不定还是个王懿荣、罗振玉等什么人的后裔。

这是在北京惠新西街的一个小餐馆里，一群说不上年轻，也说不上年纪不轻的人在海聊，话题也因了网络的传递议上了汉字的繁简之争。挑起话题的当然是本书的作者。说如果汉字弃简就繁，诸位将如何面对？

马上就有做市政工程的康姓小子发言："那我出门时一定得小心点儿，别被门框儿再挤着了，这个世界挤着的人太多了，我得防着点。"

另一位倒有些商业头脑:"如果弃简就繁真成为一种选项,最初我会鼓捣着吆喝着,待真的成为一种事实时,我会先做纸生意,那该得有多少书本儿得重印啊。(废简复繁)这一定是某一位高人为了拉动内需出的主意吧?"

北京人说话没准儿,你得从反面听。

"那我选纸业类的股票投资",一位在股市投资中血本无归的"股票人"得出了弃简就繁的股票选项。他与上一位的发言一致,认可的是弃简复繁在毁灭与重建中的天量纸耗。至于环境因此受到什么样的伤害,他管不了了,正像那些主张弃简复繁人士从来只计算3000来万人的感受而不考虑14亿人的习惯一样。

这个话题在北京无法继续下去,因为人们压根儿就认为这是一场闹剧,都是带着找乐儿的心态在与你调侃。北京整个一心态就是:怎么可能呢?这不撑的吗?

还有更难听的话,不提。

在长沙,一个菜市场里,笔者又提起了弃简复繁这个话题。湖南人说话直率,也没有那股子幽默的心气儿。但脾性儿足。一位做脚鱼生意的老板说:"怕莫是扮了脑壳,今后老子卖的脚鱼乌龟几个字何事写得出来哟!"

另外一位做鸡鸭生意的乐了:"老子的'鸡与鸭'几个字难写不难写呀?如果难写,我就用照相机照了片,在片子上标着,这个(鸡)多少钱一斤,这个(鸭)多少钱一斤,省得写起来费事。"

当然这也是逗乐。逗完乐后再问他们对恢复繁体字有什么想法,他们说:"不可能罗,你莫拿这种事逗我的宝罗!"

191

网民的说法就更乐了。散发于各大网站或著名论坛的言论本书前文中已有很多的收集。这里，我们只以一个不大不小的"一起写"论坛的一次有关此话题的专题讨论作为代表。

这个讨论名为《农夫与五名家共议"繁简汉字"之争》，讨论者将讨论结果公之于众时，有一个前序性文字作了"自我介绍"，其文曰：

每年"两会"都会出现令人哗然或是跌破眼镜的"雷人"提议，今年自也少不了。据各路豪侠所整理出的十大"雷人"提议中，将"恢复使用繁体字""评选"为"老大"，怕是当之无愧。一时间，网络上下热议纷纷。受《魅力襄樊》与"我们"文化工作室邀请，获得琼州海峡网（原海南新闻网）、中国海峡网、腾讯网、荆楚网以及广东文化网多家媒体支持，我（孙玉良）与远观、何三坡、符国芳、孟醒石和陈洪金数位文化界知名人士，对汉字的繁简之争进行了一场尖锐与深刻的探讨。

于是，由孙玉良将讨论结果作了整理，6个人中共有3种观点，分别是"瞎折腾"（4人）、"不折腾"（1人）、中性（1人）。所谓"不折腾"是指"我觉得应该恢复使用繁体字"，发言者是"著名诗人、艺术家孟醒石"。他的主要观点是从书法艺术等方面看的，认为简体字不好看。所谓"中性"观点是"散文家陈洪金"的发言，他主要观点是：简体字书法不好看，但作为书写文字，写起来方便。另外4人的"瞎折腾"观点，读起来就有些雷人了。

远观（80实力派作家、"我们"文化工作室总策划）：

"两会"期间，许多奇怪的提议都出现了，什么山寨啊、户口的问题都似乎还值得一谈。但是，我觉得有些人的提议非常令人诧异，差点让我没把满口的牙给咽下去。说把简化字搞成繁体字，这种退步的提法没有任何意思。大部分人都会说这是乱提议。繁体字要是再使用，估计当下的青少年就崩溃了。现在许多人字写得一般，简体字还认不全呢。那繁体字就更歇斯底里了。我认为该提议者有些抽风，或者说绝对是一时之口快，人类社会不能退步吧。眼下许多人认为繁体字和国学靠拢些，实际也未必，只要你愿意钻研，任何字体都一样。让他去提议，原本觉得应该有些积极的意见，但如此一来，我觉得这个人有点对不起人民了。

孙玉良（新浪名博，时事评论家）：

某政协委员不知出于什么考虑，又提出了恢复繁体字的议案，颇有点复古的味道……但中国已实行简化字很多年，简化字已成为绝大多数国民的语言表达工具，实践证明也代表了文化的进步，社会的进步，如果复古繁体字，不知会造就多少新文盲？依我看，书法是书法家的事，历史研究是考古学家、历史学家和考据学家的事，两岸虽繁简不同，但都属于汉字，似一奶同胞的兄弟，怎就不能有点差别了？这三条理由作为复古繁体字的理由都很牵强，等将来统一了，让台湾及海外华人们学学简体字，应该是务实的并更受欢迎的事。

符国芳（琼州海峡网总策划）：

繁体字是中国文化的根，知晓繁体字，就是知晓中国汉字的由来、知晓中国文化的由来。而汉字的简化是一种社会进步的表现，以吾之浅见，让繁体字和简体字和平相处，因为它们都是中国的汉字。我们为什么要折腾中国人呢？

何三坡（著名诗人，文化评论家）：

繁体字的事，上个月，因为一个愚人（一个叫老愚的人的简称）在季羡林大师的榻上得了几句语录，弄得人声鼎沸；这几天，又因为几个政协委员的提案而被闹得四海传扬，感觉张勋的辫子军又打回来了。

复古派以为梦回了大清，但维新派担心太过折腾，都在忙着鼓与呼，只有网民们矮子观场，以为他们在谈文化，全然找不着北。

繁体字当然美，杳如黄鹤，让人怀想，但说它是文化，就很荒唐。这好比说你到了十三陵，就以为见到了皇帝一样。

图124 湖南岳阳市通往京珠高速的一个路段上，有人用繁体字"折腾"开车人。

最有趣的是愚乐界的二十几个猩猩，裤腰带上别个死耗子，冒充打猎人，你要问白痴两字繁体怎么写，恐怕他们当场就会露出几十条马脚。这样的一群人去弄提案，看上去分明是在说相声。(http://bbs.17xie.com/threads.php? tid=33846）

合众媒体网载刘一赐《废除简体字？别闹了！》一文，以自己的切身经历，提出了对复繁的反对意见。刘先生说：（"两会"上）潘委员的建议实在太"雷人"，引起网路上各路英雄好汉议论纷纷，有人反对、有人支持,大约反对的人居多……我自小生长在以繁体字为主的环境,同时也有机缘学习简体字,这些年来一直在大陆生活,日常繁简字体都要使用……对于繁简字体有不少感触,因此不揣浅陋、略抒己见:

我反对潘委员"复繁废简"的提案,但是,我赞成应该要加强中文字(包括繁简字体)的学习……简化的规则包括:采用笔画较简单的古字、将草书楷体化、搜集民间较流行的俗体字等,这部分争议较小。部分简体字有争议是事实,不过,全面废除简体字断然不可行。就算不谈有些简体字比繁体字的历史更悠久,从1956年到现在,许多简体字的创作难道就不是中华文化的资产?一旦"废简",五六十年的简体字文献将立刻形成历史断层,万万不可!(http://blog.republicmedia.org/index.php/archives/904)

网民的或者网上议论的我们不必引得太多了。

听了老百姓的,听了网民的,我们也听听其他人士的。

这是一位长期在部队工作的老干部,退休后开始研究现代汉字,也算是半个专家了。他叫潘钧,有过汉字研究专著出版。他说,如果汉字不能简化,只能按照"祖先的规矩都不能改,那么我们平时说话,都得像鲁迅小说里的孔乙己那样,'多乎哉,不多也'"。既然不能简化,那就连"繁体字楷书也不能用,最好用甲骨文;不,最好结绳记事。这种观点如果出现在清朝末年,虽然错误,还可以理解;如果出现在"五四"运动时期,虽然逆时代潮流而动,也情有可原;可是现在是21世纪呀!"(潘钧:《汉字研究文集》,云南大学出版社,78-79页)

汪惠迪是笔者的好朋友。他是一位香港的报刊资深编辑,至少算个准文字专家吧。是不是像毛泽东主席所说的有一些片面性,我不太清楚。但他就汉字的繁简之争,也说了些话,在此也引么几段听听——

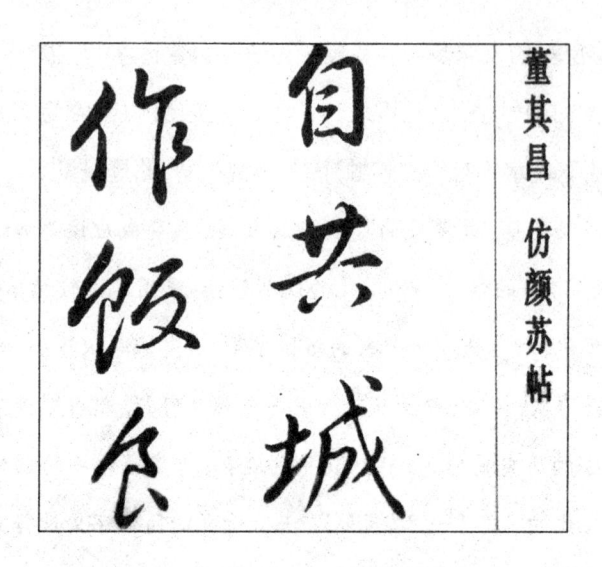

图125　董其昌仿颜苏帖中"饭"字,看来也没有"守住"繁体的根。

我佩服21位联署提案的委员的只有一点,就是他们在这么重要的会议上,提出这么一个提案的勇气。自暴其短,有失身份。

"繁体字是中国文化的根",这个命题能成立吗?文字是记录语言的符号,它的产生比语言迟得多,而且即使今天,中国有的少数民族还没有自己的文字,难道在文字产生前,他们都没有本民族的文化吗?

有关"汉字简化造成了中国文化的一种隔断",由繁趋简是汉字字体演变的总趋势,某某们难道不知道吗?按照他们的论点,三千多年来,从甲骨文演变到楷书,中国文化岂不是一次又一次地被"隔断"了?文化被隔断,各位又怎能活跃在文艺界呢?

所以,汪先生最后的结论是:天下本无事,委员们又何必自扰之呢?

话又说回来,委员们提出什么样的提案是他们的权利,倒不一定要用不敬语去幽默他们的——当然这话只能对汪先生说了,谁让你是我的朋友呢？

六 讨论是个好东西

讨论是个好东西，而不讨论，并且以谩骂为武器，肯定不表示力量，也不表示真理在手。

这里有一个案例很说明问题。丁启阵先生就繁简问题在他的博客上发表文章表明自己反对恢复繁体字的观点后，发生了一些不该发生的事——

不意，"引来了不少'对方辩友'的反批评。反批评方式多样，有在帖子下发表'评论'的，有在博客给我留言、发纸条的，也有给我的电子邮箱发信的；反批评的内容也挺多样，威胁利诱，恐吓辱骂，应有尽有。最正派的一位，给我定性为'反动派'；最务实的一位，扬言要到我饭碗所在的地方质疑我的任职资格；最狠的一位，扬言要把我弄死。这些口口声声要继承传统文化、要做古圣贤孝子贤孙的人，原来竟是些心术不正之辈！"（引自新浪博客·《九鼎》杂志）

可见，有个别的人参与这场争论，并不主张以平等讨论的态度，而是用"拍砖"甚至恐吓的方式，这实在不是一个好的选项。

笔者认为，讨论是个好方法。参与讨论的双方都要有平和的心态，这样的讨论才会深入，才会引出建设性的东西来。笔者曾与国家语委副主任、教育部语言文字信息管理司李宇明司长有过一次交谈。他说，不管什么意见，有建设性才好。即使是批评，也不能为批评而批评。批评的最终价值，就表现在是否有建设性。这段话，笔者认为是很重要的。什么事情都是可以批评的，但需要批评和被批评者都能有一个好的心态。即使是批评（拍砖）的方式不对，我们同样希望受到拍砖之"吓"的人也要以讨论的方式来对付这一场争论。

在这方面做得很好的应属丁先生。他发表在澳门《九鼎》月刊上的《"复繁派"论点批判》一文，就以摆事实、讲道理的方式，就论争中的几个问题一一作了批评性回复。他的回复一共是5个问题：1. 繁体字更能继承文化吗？2. 简化字没有了繁体字的表意性吗？3. 繁体字比简化字更美更艺术吗？4. 计算机输入问题；5. 所谓繁简字与两岸统一问题。我们这里只摘该文的第二部分"简化字没有了繁体字的表意性吗？"借此看看丁先生说理的方式是不是可以接受。

汉字的表意性，是一个复杂的体系。原始文字的一笔一画都有含义，六书中的象形、指事、会意，也都带表意性，形声字的形符也有一定的表意性。这些表意性，不经过专门的学习、研究，是很难了解、掌握的。比如，甲骨文中，象形字"马"，不认识甲骨文的人很可能以为是"狗"；会意字"塵"，不懂文字学的人，不一定猜得到是"尘土"的意思，而可能理解为站在土中的鹿。宋代"右文说"提到的例字，表示读音的"戋"有小的意思，"贱""笺""浅"分别是小钱、小纸、小水的意思。一般人哪里能知道这些呢？所谓的繁体字表意性，不但对于一般的汉字使用者没有多大作用，就是对于文字学研究者，也是捉迷藏一样的不易掌握。如果繁体字的表意性像"复繁"者想象的那么有用，甲骨文早就全部释读出来了，而不是现在的4000余字只释读出1000余字。

早期汉字固然有较强的表意性（如上所说的各种难以猜测的表意

性),但是后来文字大发展时期(春秋战国时期),表意性大大削减了,表音性大大加强。据统计,周代文字,形声字约占全部汉字的80%,秦代小篆,形声字则占了90%。客观地说,简化字跟繁体字在表意上,并没有多大差别。"复繁"者所说的繁体字的表意性,简化字里也不缺乏。例如"尘",小土为尘,容易猜到。被简化了的繁体字,在上古汉语中,大部分原本并不是那样繁复的。许多繁体字,其实也是后起的,原来都是笔画比较少的字。简化字,更接近上古汉字,有些简化字干脆就是根据上古文字来的。

——看得出,丁先生有一个平心静气讲理的好心态。

载于大河网的《应当站在五千年历史之上看汉字的演变》文章,看问题的角度是值得称道的,其说话的方式,是理性的。文章说,汉字流行使用数千年,最早的文字、符号可以追溯到结绳时代……如果站在五千年历史之上看中国文字,早期的文字有许多正是简化字,而繁体字中又有许多不适合于文字使用流传规律的文字,不信可以到康熙大字典中去查一查,有许许多多的文字恐怕连真正的国学大师也读不准确,更别说释义了。

文章接着说:而从简化字产生之前的文字历史来看,有许许多多的文字已经在文人日常使用、书法、官方文告之中得到流通。一味将简化字指为解放后的文字改革而产生,恐怕也是一种以偏概

图126　1936年出版的《简字丛书别集》。

全。(来源：大河网，李振忠。)

——这样实事求是的论述，让人信服。

就在"两会"期间，因汉字"废简复繁"问题的提出闹得沸沸扬扬的时候，有人采访了厦门大学校长朱崇实先生。朱校长说话心态平和，就事论事："由于地缘的关系，我们和台湾的大学，和台湾的各界人士交往比较多，台湾使用繁体字，我们大陆使用简体字。刚刚纪校长说，简体字的推广是我们国家一个巨大的进步。我个人认为不仅巨大，可能还是中国社会发展最大的进步之一。因为有了简体字，使得中国文盲的人数迅速下降；因为简体字，让人们识字、认字方便了许多。"

朱校长说到两岸文盲的状况：我到了台湾以后，就感觉到，在认字这方面，在最偏僻的农村，我们在扫盲方面的工作做得比台湾还要好。在台湾南部一些偏僻的乡村里面，我们到那边去感觉到他们那里的一些农民、一些底层的人士识字还不如大陆。我就和台湾朋友说，这是为什么？

图127　大陆孩子认读的是简体字，书写起来快，这是家长在课本上的签字。

他们也想了半天，想不出来，说政府投入太少，等等。我说是不是有一个文字的问题，是不是台湾现在还是繁体字，加大了他们认字的难度。他们听了之后觉得有道理。因此我跟台湾朋友建议，台湾能不能也学大陆，也推简体字。他们几个校长说，这是完全可以考虑的事情。因为这样确实对社会的进步有好处，能够帮助底层的人或者是文盲、识字不多的人更快地掌握语言文字。因此我觉得繁体字和简体字可能最重要的是要从它是不是有利于社会发展、是不是有利于人民幸福的角度考虑问题。

朱校长所在的厦门大学因与台湾隔海相望，与台湾高校的交往应该是比较多的，因而他的话有着一定的分量。他的中心观点是，简体字应该更有利于最广大的民众扫除文盲，掌握知识。

在美国居住的周忆清在评论汉字的"繁简之争"时，有她自己的理解。她说：究竟该不该恢复并不是问题的重点，解决问题本质上要看透提议和支持说来自于何方原因。中国很多人对美国社会的教育体系以及文化传播缺乏深刻的了解。中文，一个包含了几千年文明的文字在美国社会的传播方式，基本上是由早年的台湾人和香港人教师传播给美国人的，所以到台湾和香港留学的美国学生，首先接触的就是台湾繁体和香港式教育。并且在他们的主流社会，一定程度上认为台湾繁体更能代表中华文明。这种观点是否正确先不必争论，确切和公正地说，台湾人对于保护中华文明和学术研究上并不输给大陆。我们不能因为政治原因完全否定台湾岛对华夏文明传承的学术性。但是，贡献也不一定等于优越性。从"五四"运动以后，中国改革繁体字到简体字是属于优化和传播文字的快捷性和扫盲需要，同时也是文字进化的一个过程。中国从甲骨文史前文字到现代的简化字经过了一个漫长演变的过程。（周忆清，搜狐博客。

http://monalisasmile.blog.sohu.com/112081811.html

周忆清的意思非常清楚,繁体字使用区对于保护中华文明和学术研究方面不输大陆,有着值得记载的贡献。但贡献不一定等于优越。"五四"以后中国改革繁体字到简体,简化也是一个优化的过程。

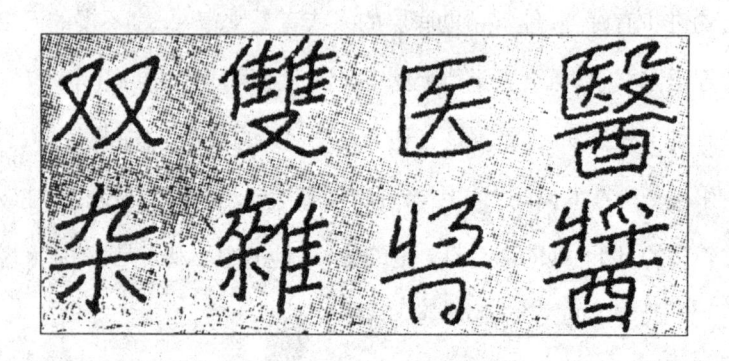

图128 这些简体字,均出自上个世纪30年代陈光尧《常用简体字表》。

网名叫rat0817的作者在天涯社区发文说:首先我们比较下简体字和繁体字。例如:中国(中國)、龙(龍)、书(書)。我们看到"中国"和"中國"、"龙"和"龍"、"书"和"書",接受到的信息是一样的,中国并没有变成美国,龙并没有变成老虎,书也并没有变成桌子。再看古诗:"春眠不觉晓,处处闻啼鸟。夜来风雨声,花落知多少"和"春眠不覺曉,處處聞啼鳥。夜來風雨聲,花落知多少",同一首诗,同样的感情,同样的意境,同样的效果,不同的只是符号,显然简化字比繁体字方便学习和使用。汉字的简化并不是毫无规律的滥简滥删,每一个繁体字都对应一个简体字,文化的精髓并没有丝毫损害。而后一次简化之所以被废止就是因为出现大量混淆和歧义。那些说简化字难看的,不妨说说哪个字有严重的不协调或是不平衡?每一个汉字都是非常平稳非常和谐的。(《关于某些所谓"专家"的〈汉字复繁论〉》。http://www.tianya.cn/publicforum/content/books/1/118787.shtml）

网上"发言"能以如此好的心态地说事儿，这样的意见应该受到重视，同时发言者也应得到尊敬。

方舟子也是一位在美国生活学习多年的学者，1995年获美国密歇根州立大学生物化学博士学位，先后在美国罗切斯特（Rochester）大学生物系、索尔克（Salk）生物研究院做博士后研究，研究方向为分子遗传学。而最近以来，似乎跟文字的"繁与简问题纠结上了"，他所有的4篇有关的文章，其实不是针对"两会"的提案来的，而是这个"废简复繁"话题炒热后他不乐见网上对其文的多次"照抄"而将其一次重新"端出"。他在谈到汉字的繁简优势时，以"字"说事，充分体现了作为一个严谨学者的治学态度。就有关简体字不适合"造字规则"，不合"六书要求"的言论，他说——

有一些简体字，本来就是古字，其实比繁体字更符合造字规则，我举两个例子。先说"众"字。简体的写法是三个人叠一块，这是"众"字的最原始的写法，甲骨文就已经这么写了，就是《周语》所谓："人三为众。"非常好认好解释。可是繁体字的"衆"字，有多少人知道它为什么那么写？原来它的下部，实际上也是三个"人"，只不过变了样了，不说还不容易看出来；而上部呢，根本就是写错了，本来的写法应该是一个横着的"目"，《说文》解释说："目，众意。"我琢磨它的意思，大概这个"目"应该是"纲举目张"的"目"，也就是网孔。网孔密密麻麻的，确实是"众意"。既然"三人，众意"，"目"也是"众意"，未免重复累赘，去掉这个含义不明显而且写错的上半部，剩下原本的三人，不是很好吗？

203

方先生举的另一个例子是"从"字：

简体的写法是两个"人"字并在一起，这也是"从"的最古老写法，也见于甲骨文，取"两人相从"之意。繁体的"從"可就不太好解释了，它的右上角，是两个"人"，保留了"从"的最初写法，可是其他部分呢？我们对照小篆，才发现这个字也是写错了，它的双人旁和右下角应该合在一块，成为一个表示行走的偏旁，这大概是在小篆的时候才添上去的，楷书再把它割成两半，可就有点莫名其妙了。

方先生说，类似这样的简体字还不少，比如"尘"、"礼"、"云"、"电"、"胡"、"须"、"处"等等……

许是因为方先生是"中文互联网的先驱者"的经历，因而他对于汉字繁简之争更多的是从"信息化"角度切入。他说，"要把一大堆二十几笔的字一个个都塞进十六针的字型而又不相混淆恐怕要付出加倍的努力，所以现在大家使用的免费字体，简体是漂亮的宋体，而繁体却什么体也不是，就像小孩描出来的画儿。"繁体字在电脑中如果不放大就看不清楚的问题"，我深有同感！我刚才就试着在Word里面把"忧郁"转成繁体字，结果我得把它放大到"小初"才看清楚每一笔画。

——这样讨论问题，应该有利于把繁、简字的优势和短处说得更清楚。当然，就笔者的观点，通过前面这么多问题的罗列和角度的选取，大家已经看得

图129　用繁体字印刷的《死魂灵》，几乎看不出字的笔画了。

很清楚了,本人是主张善待繁体字推崇简体字的,而在中国法律框架里,是坚决主张使用简体字的。但这不是说要消灭繁体字,相反,对在繁体字使用区域的人们,以及繁体字在传承中华文明方面的贡献,都是表示敬重。正像咱们的《国家通用语言文字法》所规定的,推行简化字并没有废止或消灭繁体字。

有一个名字曾经引起过网络的猜疑,说署名"俞雍思"的文章,实际

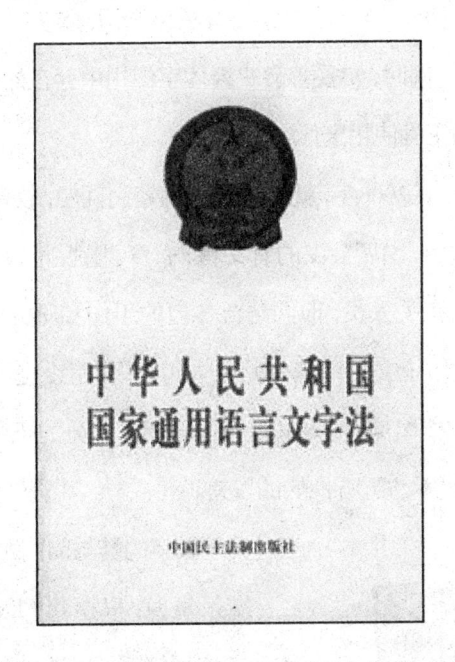

图130 《国家通用语言文字法》封面。

上就是"教育部语言文字应用管理司"的缩写。是不是这样,其实不重要,重要的是俞雍思的表达是准确的。早在2006年7月23日发表于《中国教育报》的《如何妥善处理繁体字的学习和使用》文章,就表明了俞雍思的基本观点:"2001年开始实施的《中华人民共和国国家通用语言文

字法》明确规定国家推行规范汉字，同时也明确了可以保留或使用繁体字、异体字的范围：（一）文物古迹；（二）姓氏中的异体字；（三）书法、篆刻等艺术作品；（四）题词和招牌的手书字；（五）出版、教学、研究中需要使用的；（六）经国务院有关部门批准的特殊情况。这一法律确定了规范汉字作为国家通用文字的法律地位，为繁体字的学习和使用保留了一定的空间，适合我国国情、基本能够满足各方面语文生活的需求，应遵照执行。讨论繁体字的学习和使用，要有法律意识，依法办事，不能违反法律规定各行其是。同时，要妥善解决繁体字使用中存在的一些问题，在法律允许的范围内正确使用繁体字。"

我们知道，早在2006年，就有关汉字的繁简问题，教育部就召开过汉字应用问题研讨会。出席会议的有文化、教育、出版界的专家、学者及教育部直属机构的有关人员，他们结合各自的工作和研究情况，就如何正确认识繁体字在传统文化传承中的地位和作用、可否提倡"用简识繁"、应如何妥善处理繁体字的学习和使用等进行了充分的研讨。

这里，我们也不妨听听他们的发言。

关于汉字的繁与简问题——

佟乐泉说：根据我们所作的"中国语言文字使用情况调查"结果，截至上世纪末，平时习惯写简化字的占95.25%，写繁体字的只占0.92%，有3.84%的人是繁简并用。这说明规范汉字已经牢牢占据大陆社会用字的主流，不容动摇。目前简化字和繁体字使用的关系相对合理、和谐。佟乐泉是

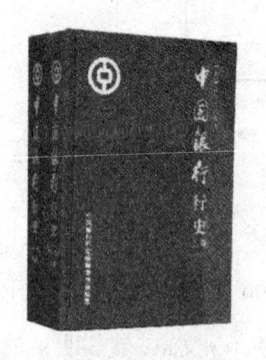

图131　在法律允许范围里，繁体字的使用是不成问题的。

教育部中小学教材审定委员会委员、教育部语言文字应用研究所原副所长,他总是习惯于用数据说话。

而国家语委咨询委员会委员、国家语委原副主任陈章太更多是从宏观角度分析问题。陈先生说,繁体字与简体字的争论古已有之,也可以说有了汉字,有了俗体字,在历史上就有了类似的争论。汉字的应用,有社会性,涉及政治、文化、心理以及应用,各个层面都影响到,因此,文字问题包括繁简问题是个很敏感的问题,要非常谨慎。总体上看汉字简化是成功的,简化汉字的社会应用,也是成功的……从法律层面,从政策层面,(对于简体字使用的坚持)我们都不能动摇,必须坚持规范汉字。但可以从技术上解决简繁转换容易出现错误的问题,比如词典的字头,在规范字后面附上相应的繁体字,很有必要。

对于陈先生所提"从技术上解决简繁转换"的问题,国家图书馆副研究员翟喜奎给以正面的回应。他说,国家图书馆现在正在建数字图书馆,用字量很大。除了国家规定的20902个汉字系统之外,还用到6000多字。因此,做数字化的时候用的字符集是unicode ISO10646的字符集,没有用国标的字符集。因为数字图书馆的用字量太大。ISO10646将来可以做到71000字,它的好处是你随便打一个简化字,就会显示出它的繁体字、异体字,所以可以利用现代化的手段,来解决繁简字转换的问题。

人民教育出版社中学语文编辑室主任王本华介绍了简体字在国外的使用情况:美国的很多中文学校,原来使用的是台湾赠送的繁体字教材,现在都改用大陆的简化字教材了。为什么呢?就是因为大陆的简化字课本有两大优势,一个是汉语拼音,一个就是简化字。他们放弃免费的繁体字教材,而主动花钱买简化字教材,就是因为简化字的教材容易学,受汉语学习者的欢迎。

王本华的这个介绍真实不真实呢?"中国新闻网"发表的一项调查很能支持王先生的观点。这份调查发表在网络上的文字略有些长,这里摘其一二:

以加州为例,华裔人口众多的南加州有大大小小的中文学校200多所,由于数十年来台湾方面有侨务委员会提供免费中文教材以及协助培训师资,繁体字一直是教学主流。被认为具有台湾背景的南加州中文学校联合会会员有100多所中文学校,绝大多数依然坚持使用繁体字教材。而全美中文学校协会(CSAUS)所属的300多所中文学校则以简体字教学为主,因为这些学校均是由中国大陆改革开放以后来美的留学人员和华裔新移民所创办。全美中文学校协会所属中文学校遍布美国41个州的几乎所有大、中城市,在校学生人数已达六万以上。

图132 以43个语种出版的《汉语图解词典》,可供全球汉语学习者使用。

这个数据至少可以说明"繁体"与"简体"教材使用的变化情况。另外，该文章还讲了一个故事。由这个故事也可看出些变化来：

安蒂已经13岁了，她5年前开始学习中文。当时安蒂同父母一起住在纽约长岛，附近唯一的一所中文学校则教授繁体字。为了使女儿不致"数典忘祖"，虽然有一些不情愿，其母魏太太还是决定送她进了这所中文学校。据魏太太说，当初安蒂学中文学得苦不堪言，甚至有一些畏惧，直到后来举家迁到皇后区并转进另一所以简体字教学的中文学校，安蒂才觉得学习中文原来还有一些乐趣。

类似安蒂的经历，许多中国大陆移民子女都有过。目前在美国的中文学校基本分两类，一类是台湾在美国推广的繁体中文教学，一类是简体字中文教学，多采用中国官方编写的教材。早些年繁体字中文学校比较多，但现在随着从中国大陆来的移民越来越多，以及简体字具有好学、易记、便于掌握等特点，以简体字为主的中文学校越来越多。（http://news.sohu.com/20090419/n263476560.shtml）

让我们还是回到专家们的发言上来。

就有关海外使用繁体字或者简体字教材的问题上，大家的态度是十分明确的。国家汉办教学处副处长宋若云发言时说：我们向外推广汉语，应该推广我们标准的语言文字——国家通用语言文字。目前的汉语国际推广工作，是有史以来最好的时期，国际上学习汉语的人越来越多。20世纪50年代出生的留学生，也就是新移民，已经占据了海外对外汉语教学主战场，海外著名大学中文方面的领军人物，多是40岁左右的新移民，他们教的都是简化字，因为他们在大陆学的就是规范汉字。在欧美地区，简化字和汉语拼音，早就占据了对外汉语的主体地位。也有原来受繁体字

209

教育的人参加我们组织的学习及汉语水平考试,为了便于他们学习、逐步适应简化字,我们也提供繁简对照版的教材和试卷。

图133 书法家用简体字书写的"多难兴邦",同样美魅十分。

在所有参与汉字繁简体优劣问题讨论的人群里,有一位叫刘宏伟的书法家的意见值得重视。因为人们在讨论发言中,不管是网上还是会上,书家的意见总是认为繁体字在书写方面是最有美感的。其实刘先生也认可这个观点,但他不否定简体字,同样也认为简体字是很优秀的。所以,他在发表于"中国书法家园网"的《汉字如何面对繁简之惑》一文中很轻松地说:"认识繁体字也许有面子,显得有文化,但与通用了几十年的简体字相比,繁体字从记忆和书写上毕竟麻烦许多。而且字体从繁到简,从简到繁有规律可循,即使小学不认识繁体字,到了高中、大学再去慢慢认识也并不算晚。"

接着他说:"至于中国文化之根的传承问题,当年甲骨文把这个任务交给了金文,后来隶书又把这个任务交给了楷书,也就是我们常说的繁体字。字体和字形的演变并未阻碍中国文化的发展进程，而是形成了博大精深的汉字世界。如今，传承中国文化的任务落在了简体字身上，这么多年，谁敢说这条根断了？"（http://www.eshufa.com/html/86/n-2786.html）

七 "和"字出现在奥运会上有些意思

该讨论的都讨论到了，突然想到了2008北京奥运会的一个场面：8月8日夜，开幕式表演中，一个"和"字出现在现场8万观众和面对电视机的数十亿观众的眼前。

图134 北京奥运会上让万众动情的"和"字。

奥运会上出现"和"，当然代表着儒家的"和为贵"的思想。国家语委副主任、教育部语言文字应用管理司司长王登峰看过开幕式后说，这一幕活字印刷及"和"字演变大剧的上演，"彰显了中华民族重拾自信的风貌。同时，作为语言文字工作者，开幕式无意中为汉字和汉语正名，也算是对语言文字工作的一大贡献吧。"

世界的多样性决定了每个人对现实生活中发生的事都有着各自不同的解读。

就是这样的一个"和"字，同样是从事语言工作的另外一位，却又发出了不同的声音，认为这是一个错写的"和"字。他有截图为证：

图135　被指为错字的"和"字截图。

这位的说法也不是没有道理。我们看作者金丹的表述如下。因为牵涉到一些符号我们没有办法复制，便以截图的方式将他的话"切"了下来：

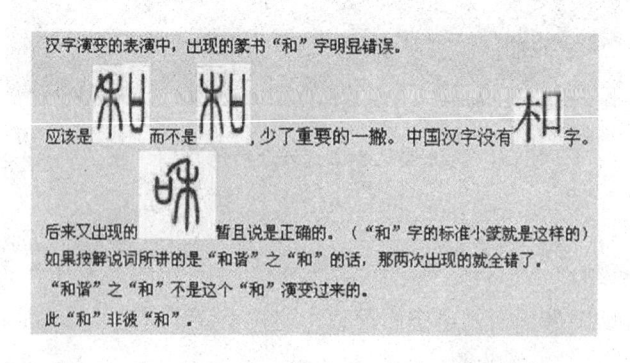

> 汉字演变的表演中，出现的篆书"和"字明显错误。应该是 和 而不是 和，少了重要的一撇。中国汉字没有 和 字。后来又出现的 和 暂且说是正确的。（"和"字的标准小篆就是这样的）如果按解说词所讲的是"和谐"之"和"的话，那两次出现的就全错了。"和谐"之"和"不是这个"和"演变过来的。此"和"非彼"和"。

图136　金丹文章的"切"图。

不能说这一位作者的说法没有道理，虽然奥运会上的这个"和"字确实给了我们以莫大的美感，并获得了万众的赞颂，但是，"它"又确实在其"演出"中出了些微的瑕疵。所以作者在文章结束时说了这么一句话："中国文化博大精深，书法家常常弄错的字，要求一个导演（不出错）有点苛刻了，为什么没有专家帮他审查出来呢？"

这话我们应该记住。毕竟，在很多情况下、在很大的程度上，文字是专家们的事，我们在牵涉到文字改革、汉字简化等等方面，应该还是多听一听专家们的意见。特别是有关繁体字与简体字恢复与废除与否这么重大的问题上，不可以任着自己一时的个人感受就加以指说，我们应该抱着对历史负责，对人民负责的态度，慎重地对待汉字的过去、今天与未来。

抛却奥运会上"和"字书写的是非，"和"字传给我们的就是一种"和谐"的精神价值。"网络答人"孙卫赤在回复"北京奥运会开幕式为什么用的是'和'字"问题时，有一段答复挺精彩：

汉字是象形文字，也象义。汉字不仅是汉语的语言符号，也承载了中国古代先人对于自然、社会和人类本身认识的智慧。因此，流传下来的汉字不仅是文化的传承，也是智慧、思想和哲学的传承。"和"字，通过展示中国古代四大发明之一的活字印刷术出现在北京奥运会开幕式的现场，恰到好处地把中华民族五千年灿烂的文化、民族精神和现代意识完美地结合在一起，向世界传递出了"和"的信息。

世界和平、社会和谐、**对不同意见者秉持和为贵但和而不同的态度、与亲朋好友和睦相处、与世界各国人民和睦相处，这就是中国所正在追求的**，也是北京奥运会开幕式所要告诉世界的。

这里的黑体字是笔者加上的。之所以如此加黑强调,是想表明,即使是对汉字的繁简有着不同的理解,我们相信,这种不同的理解也会是有建设性的,可以帮助未来的人们在对汉字进行整理与规范时,更理性,更科学。

汉字"和"出现在奥运会上,真还有点意思!

八 汉字的未来就在它的历史延长线上

汉字,由最简单的刻画符号,从五千年的过去走到今天,记下了华夏民族的历史辉煌与艰难岁月,记下了先祖先辈的音容笑貌与厚重身影。民生的疾苦、战争的硝烟、术士的宏论、草根的微言,以及官方的典籍,历朝的文献,都因为有了汉字,才有了今天的一切,透过或繁或简的这些符号,我们才有了洞穿时空的眼睛,才有了继往开来的坚定、自信与豪迈。

图137 汉语走向世界,汉字走向未来,《汉语世界》的"长城之夜"活动照片。

汉字它不仅记录了中华民族的喜怒哀乐,也把语言不通、风俗不同、甚至信仰也不尽相同的各族儿女结成为一个牢不可破的大家庭。

是的,正是因为汉字于我们中华大家族的这种特殊的关系,汉字的荣损,就是中华民族的荣损,汉字与中华民族的命运紧紧地结合在一起了,分不开了。

因此,汉字必将与我们一起向前走,一直到永远。

所以,在关于汉字的改革问题上,我们必须对得起历史,也对得起未来。

曾经,汉字走向了繁复,步履有些沉重,它像一个追求完美的士人,慢慢地远离了劳动者的渴望。正是因为这种远离,才又同步产生了对于这种远离的拉拢,由简而繁,复又由繁而简。在整个汉文字的发展与演进的历程中,汉字的繁繁简简、远远近近,从来是一对矛盾运动。但汉字是有着极大的自我修复能力的,它一定会让自己适合于创造它的主人,因为它就是作为创造者的生活和历史记录需求而出世的,它永远不会让自己远离这个民族的需求渴望。

一个汉字就是一个故事。

千百年来中华民族的风俗礼仪、社会结构、伦理道德、哲学思考、审美意识,都深深地浸入到了汉字的一笔一画之中。那曾经的甲骨碎片,那曾经的青铜重鼎,还有那山崖的刻画、古陶的刻符以及竹木的简牍,无一不记录着先祖的表情,先祖的言笑。汉字的昨天,竟是如此的神奇,如此的美魅。面对着先人智慧的结晶,面对着如此让人自豪的汉字,我们所要做和所能做的,就是让它更好地记录今天,创造明天。

汉字的未来就在它的历史延长线上。

曾经神秘的故事序章，定然有着神奇高扬的宏丽交响；五千年来，栉风沐雨，它与我们的先人一路走来，历经坎坷，见证了中华民族所有的悲欢离合，书写了华夏历史的通篇巨志和悲喜沧桑。它既然守护了祖先的宏业，也必将拥抱儿孙们明天的辉煌！

中国要面向现代化，面向世界，面向未来，汉字也将与时俱进，以它矫健的身影，轻盈的身姿，翩然在世界的目光中，活跃在数字化的时空里。

我们将不再有繁体与简体的争论，因为汉字的自我修正能力和合乎科学原理的简省规律，一定会使其保持轻盈的体态与身姿。

汉字有着自己发展与演进的规律，随着使用它的这个民族在世界舞台上的再一次华丽转身，汉字必将与我们一起，走向永远⋯⋯

题外还有些话

　　汉字，作为记录汉语的古老文字，最近确实有些烦。冒出这个想法时，大脑里便立即出现了某歌星弹着吉他边走边唱的样子，于是便把这个书名顺手写了，连同拟写的目录，一并就近呈给了商务印书馆。抬头看看商务那招牌，先就把自己给吓着了，心说这事儿不会有啥结果，但它偏偏就有了结果。出版社的负责人说，似乎看得出你要写什么，似乎又看不出你要说什么。要么，我们组织一些搞语言文字的专家，听听你的述说？你能说动我们大家伙儿，你就往下写……

　　后面的话也就听懂了。北京人嘛，藏半截儿话都藏得有水平！

　　什么事情，只要让一清讲，那就百分之九十九点九九有了希望。一清当着文字专家的面，讲得昏天黑地的同时还讲得头头是道——这不容易。喝完几瓶矿泉水后，眼见着太阳浅笑着就落下了窗户，消失到远方去了，与之一起消失的还有专家们的疑虑。"听证会"的一致结果是，可以写。如果一清写出来有讲起来这般动人，说不定这书还真有人看。

　　这不就是一清想要的结果吗？

　　于是就埋头，还专此买了一台手提，走到哪儿写到哪儿，跟旧时的"行吟诗人"一般，下决心一定要写出一篇"大博文"来。为了让自己的写作不要太远地与商务产生距离，写一章，便发给他们且转给有关专家审看，其实也就找一乐子! ^_^，嘿，人家可都是认真的人，表态也很快就来了：不错，文章看得下去，但表述上多少有些痞气。如果能改，当还算一本好书。

　　一清一心想写出一本好书来，便努力地写没有痞气的文字。由于一清写博已久，亲民风格太重，因而要改也难。但一清对于汉字的繁简问题是十分认真的，因而即使在行文中某处的表述不是"正体"，也务请出版社的同志们担待点。至于我的读者，相信他们会接受。我自凤凰开博不到八个月的时间，访问量就过了2000万，写文一百篇，平均每篇的访问量是20来万，个别文章的访问竟有170万之巨，这就证明一清同志读者群的革命意志也是坚强的，他们会一如既往地支持一清将文章进行到底。同样也相信，《汉字最近有点儿烦》他们也会喜欢的。

　　有关汉字的繁简问题，我可以肯定地告诉大家，繁体字的识读于我辈，它根本就不是个问题。但是，要让汉字恢复到繁体字去，真心地说，这样的提议很低智，其他我都不想说什么了。至于内地的某些学者或委员提议废简，我只想问的一句是：十三亿人，就算有一亿人同意你的观点，还有十二亿，你想过他们的感受吗？

　　因为本书的写作，接触了很多的语言文字专家，感到他们一个个都是那么的专业且谦虚。对于繁简问题，他们都有一个很好的心态，就是相信这么一个基本点，历史之车可能因某个特殊的人与特殊的因素而拐弯，但文字作为一种使用着的工具，绝不会因为某个人的提议而发生变化。明白这一点，相信很多人就会明白很多。正在写这一段文字时，墙上挂着的电视机正说着马英九先生提倡"识正书简"而招致绿营恶骂，且有几个人义愤填膺地呛马游行，曲意地将马英九的"马"字上面加一撇，中间加一点，变成个"鸟"，成了"鸟总统"、"鸟英九"。看到这里，一清乐了，证明这些"义愤填膺"之人，合着就是简体字的高手，不但可识得简体字"马"字，也识得简体字的"鸟"。既如此，何必将自己死活当成一只鸵鸟，累不累啊？你没有看见民进党的大佬蔡英文吗？人家真正成了"识繁书简"的第一人了——这就是潮流，是大势所趋……

别折腾了，岛内岛外的汉字使用者们，有意思吗？简体字与繁体字的那些个争论，看得出，也就是个价值观的争论。现在的问题是，就算你在价值观的争论上得了个满分啥的，你写字时能去简用繁？蔡英文不就是例子吗？最典型的是那个一天到晚折腾着要"台独"的陈水扁，在他的"终统"文件批文里，短短两句话，就有"员"、"会"、"预"、"负"、"责"、"务"、"归"、"领"等字用简体来写。只是因为他的字写得太不咋的，本处不予采用。本书中还列举了马英九、谢长廷、萧万长他们的签名，不也是图个简便，要么直接用简体，要么以草书的形式写成了"事实上是个简体"吗？就连孙中山先生、蒋介石等，有时候题字题词时不也用个简体字什么的吗？正像走路，从甲地到乙地，有条路是近的，有条路是远的，你非要走远的路，要么脑子不好使，要么有着另外的目的。话虽不好听，但道理就是这么简单。

刚刚看到新民网上有篇文章《马英九"识繁书简"刍议》："其实内地目前实施的文字政策，早就是'识繁书简'，即一般书写、使用均用简体字，但重大国家文件、书法作品、古籍印刷仍用繁体字，繁体在艺术、研究领域并不禁止，只不过一般的书、报、刊、广、电印刷（摄制）、公务文件、公民交流等绝大多数方面规定了使用公布的规范汉字，由于这些简体标准字已有13亿以上的民众在使用，所以，若以文字统一的代价而言，还是请台港澳民众向大陆地区看齐为好，让13亿人民去俯就少数人，不觉得太不'民主'了吗？"

说的也是这个道理。

本书到此，就要结束了。喜欢也罢，不喜欢也罢，反正也就这样啦。好在，一清既不代表某个机构，也不代表政府；与学术无缘，与政见无缘，只与读者有缘。说到这里，要申明一下，书中多有引用。部分网上文字，因为转帖或密码设置的原因，无法与原作者打招呼和获得授权，个别老照片无从找到原摄影者，既无以署名，更无法联络。因此，作者在此很抱歉地申明，如果您在本书中看到了您的文章和图片被引用，且构成了应该付费的要件，请与本人联系（yftyyhw@163.com）。还希望各位能原谅本书中的"适当引用"行为。文字部分的引用我基本上都标注了作者大名或网络用名，转引何处；但个别图片要找到原摄影者，不容易。这事真的很遗憾。倘有重印的机会，对于来信中要求加注作者、摄影者名字的，一定会加注清楚。

本稿虽成纸介质出版物，但实际上也就是一篇大博文而已，其对汉字繁简史的叙写不能算完整，一些专业概念的表述也欠严谨。这是因为一清只是个职业博客人，而非专业人士。商务印书馆这样的老牌学术出版机构能对这样的"博文"给予重视，一清宁愿将其理解为主流出版业界对网络文化的重视，对民间草根声音的关注。因此，如果"博主"一清的非学术性表达导致了学术界和热心读者对商务印书馆的微词，那一定是一清的过错。不过，商务印书馆敢于试错，也许恰恰是这家百年老店青春永葆的"秘方"之一罢！

好啦，该说的都说了，请你"谷歌"一下"一清博媒"，咱们在那儿接着聊。

回见！

图书在版编目(CIP)数据

汉字最近有点儿烦/一清著.—北京:商务印书馆,2009
(网络时代语文热点丛书)
ISBN 978-7-100-06699-0

I.汉… II.一… III.汉字—研究 IV.H12

中国版本图书馆 CIP 数据核字(2009)第 111911 号

所有权利保留。
未经许可,不得以任何方式使用。

网络时代语文热点丛书
HÀNZÌ ZUÌJÌN YǑUDIĂNR FÁN
汉字最近有点儿烦
一清 著

商 务 印 书 馆 出 版
(北京王府井大街36号 邮政编码 100710)
商 务 印 书 馆 发 行
北京瑞古冠中印刷厂印刷
ISBN 978-7-100-06699-0

2009 年 7 月第 1 版　　开本 880×1260　1/32
2009 年 7 月北京第 1 次印刷　印张 7¼
定价:23.00 元